Los diez obstáculos
que impiden perder peso
y hacer ejercicio

Si está interesado en recibir información
sobre nuestras publicaciones,
envíe su tarjeta de visita a:

Amat Editorial
Comte Borrell, 241
08029 - Barcelona
Tel. 93 410 67 67
Fax 93 410 96 45
e-mail: info@amateditorial.com

Lynette A. Menefee
Daniel R. Somberg

Los diez obstáculos
que impiden perder peso
y hacer ejercicio

**Descubre por qué has fallado antes
y cómo conseguirlo ahora**

Amat Editorial

Título original de la obra: *The ten hidden barriers to weight loss & exercise*
Autores: *Lynette A. Menefee, Ph. D. y Daniel R. Somberg, Ph. D*
Traductora: *Gloria Tusell Gómez*
Diseño cubierta: *Jordi Xicart*

© 2003, Lynette A. Menefee y Daniel R. Somberg
y para la edición española
© Amat Editorial, SL, Barcelona, 2004

ISBN: 84-9735-125-8
Fotocomposición gama, s.l.
Depósito Legal: B. 12.259-2004
Impreso por T. G. Vigor, S. A. - Sant Feliu de Llobregat (Barcelona)
Impreso en España - *Printed in Spain*

A mi hermana Laurie Jane
L.M.

A mi mujer, Nelly
D.S.

Sumario

Agradecimientos

Quiero dar las gracias a mi hermana Laurie por su consejo y por escucharme atentamente y con el corazón abierto, sólo ella me conoce lo suficiente como para comprender mis objetivos durante un año. Estoy agradecida por tener una familia que me apoya: mis padres, Lynn y Helen; mis hermanos y sus esposas Bruce y Ruth y Paul y Nickie; sus hijos, Joshua, Madeline y Evan, que me dan su alegría. También quiero dar las gracias a mis amigos, especialmente a Jerry Fuller y Kim Sanchagun, que me animaron a escribir y me escucharon cuando tenía dudas. Finalmente, quiero destacar que el orden de aparición de los autores lo ha determinado la suerte y creo que mi coautor debería haber ganado.

L.M.

Quiero dar las gracias a mis padres, a mi hermano y a mi hermana por su cariño y por la confianza que me tienen; a toda mi familia y a mis amigos, su apoyo y entusiasmo a lo largo de este proyecto; a Bruce Liese por compartir conmigo generosamente su experiencia clínica y su conocimiento; a mis hijos Zach y Lindsay por su amor, su entusiasmo y paciencia durante este proceso y porque son maravillosos; y, finalmente, quiero dar las gracias a mi esposa Nelly por su cariñoso apoyo y dedicación a la familia, que me permitió completar este libro y me ayudó a continuar con lo que es más importante en mi vida.

D.S.

También nos gustaría agradecer a Brezo Mitchener y Tesilla Hanaucr, de New Harbinger Publications, sus maravillosas aportaciones y dirección mientras escribimos este libro. Y por último, estamos agradecidos a nuestros pacientes, que nos han enseñado sobre sus desafíos y obstáculos para conseguir sus objetivos y el coraje que necesitaron para enfrentarse directamente a ellos.

L.M. y D.S

Introducción

Mucha gente está intentando perder un exceso de peso no deseado y poco saludable, como lo atestiguan los miles de millones de dólares que genera la industria especializada. No faltan libros de carácter prescriptivo, «haga esto, no haga lo otro» para planificar la pérdida de peso y el ejercicio. Algunos están sólidamente fundamentados en serios estudios, mientras que otros se basan en mitos y novedades, lo viejo y lo nuevo. Desgraciadamente, las investigaciones realizadas han demostrado repetidamente que la mayoría de estos métodos, independientemente del que se haya escogido, tienen resultados similares: al principio, una pérdida de peso, seguida por un retorno a la situación inicial.

No te vamos a explicar otro plan para perder peso ni nuevos tipos de ejercicios porque, para muchos, el camino hacia el éxito es sencillo: se necesita entender y cambiar conductas y formas de pensar que son claves para la pérdida de peso y la práctica de ejercicio. Este libro los describirá y te mostrará cómo aplicarlos a tu vida. Asumimos tu conocimiento, tu pasada experiencia, y lo que el sentido común te dice sobre lo que significa una pérdida de peso correcta y el plan de ejercicio a realizar. El enfoque que queremos dar a este libro es que, mientras revisamos algunas de las ideas básicas ya contrastadas sobre la pérdida de peso y la práctica de ejercicio, te enseñamos a identificar y superar las barreras que te impiden conseguir el éxito deseado.

Tu desafío: seguir el camino

Tomar la decisión de hacer ejercicio regularmente y alimentarte con comidas sanas lleva a un frustrante ciclo que se inicia con buenas intenciones pero que no tiene continuidad. Lo extraño es que puedes enseñar a una vecina o a una amiga lo que debe realizar para perder peso y hacer ejercicio regularmente. Desgraciadamente, es infinitamente más fácil decirlo a otra persona que aplicarlo a una misma. (¿Quizá se deba a que a que cuando dices a otros lo que deben hacer, a menudo no te lo agradecen y resulta un poco irritante?) ¿Por qué es así? Los cambios que quieres hacer deben producirse dentro de un contexto en el que tienes otras prioridades e influencias, como son la sensación de hambre, el deseo de consuelo, las emociones desagradables, las expectativas de otros y las responsabilidades familiares y de trabajo. Una vez analizados todos estos factores y tu experiencia pasada, queda claro que perder peso y hacer ejercicio no son tu único objetivo. Nuestra meta es ayudarte a entender qué es lo que debes hacer y guiarte para que puedas hacerlo dentro de lo que es tu forma de vida actual.

¿Por qué en el pasado no pudiste cambiar tus hábitos de vida? Puedes pensar que se debe a la pereza, el cansancio, o simplemente que estás muy ocupada. Desgraciadamente, estas explicaciones son demasiado simples y, a menudo, dilatan la solución del problema. Además, no te ayudan a saber qué es lo que debes hacer de forma distinta. Según sea tu carácter puedes pasar desde aceptar una explicación, a enfadarte o, simplemente, rendirte. Es como si tuvieras alguna reserva mental que te impide alcanzar tu meta y sólo tú puedes saber cuál es. Este libro te ayudará a encontrar la explicación exacta de tus dificultades anteriores y te enseñará los elementos esenciales para que se produzca el cambio en tus hábitos, que es fundamental para perder peso y hacer ejercicio. En cada capítulo encontrarás puntos de vista y estrategias para identificar los motivos por los que te alejas del camino a seguir y entenderás el porqué y cómo se produce. Averiguarás los diversos motivos que te llevan a alejarte del camino, incluso aquellos que no crees que realmente puedan hacerlo, actuando impulsivamente ante emociones incómodas, reaccionando de forma áspera frente a tus errores o dirigiendo tu atención y energía hacia las expectativas de otras personas. Una vez identificadas las barreras que te impiden seguir el camino trazado y analizándolas de forma objetiva, estarás en posición de atacar directa y eficazmente el problema, en lugar de esconderlo enterrado en tu frustración y continuas desilusiones.

Transformar las barreras en soluciones

Para conseguir que un proyecto, sea el que sea, se lleve a cabo con éxito, es necesario que se realicen bien varias cosas. Entre otros factores, debes saber lo que hay que hacer, el motivo por el que se hace, cuál es el objetivo final, controlar las posibles distracciones y mantener alta la moral. Este libro describe diez habilidades y recursos que te ayudarán a lograr perder peso y a hacer ejercicio. Una barrera se produce cuando tienes dificultades en alguna de estas diez áreas que te impide seguir el camino que te has trazado. Si tienes la sensación de no poder alcanzar las metas que te has propuesto, tus barreras para conseguir el éxito permanecen a menudo «ocultas».

Cada barrera muestra un elemento importante que hay que cambiar para obtener éxito. Las dificultades que surgen en cada área pueden provocar frustración, sobre todo si no se entienden o no se identifican. Te animamos a que veas cada barrera como una oportunidad para entender, aprender, confrontar y superarlo. Sabemos que puede hacerse, y nosotros te ofreceremos consejos sobre cómo hacerlo.

Cómo utilizar este libro

Puedes utilizar este libro para entender los aspectos importantes que darán lugar a que se realice un cambio duradero. Las estrategias que aparecen aquí te ayudarán a poner en práctica e incorporar las soluciones al plan que te has propuesto. También te recomendamos que utilices este libro para ayudarte a identificar tus desafíos y dificultades particulares. Una vez identificados, puedes encontrar los recursos que tienes para centrar y resolver el problema. Sin embargo, también puedes necesitar este libro para identificar el problema y actuar en profundidad y con su ayuda para resolverlo.

Nota final: te animamos a que leas este libro con una predisposición optimista y esperanzada. Puede que no sea fácil, pero debes forzarte al principio. ¿Por qué? Primero, porque simplemente es una buena idea. Una actitud positiva y expectante es muy útil para producir el cambio. Segundo, tienes una buena razón para ser optimista. Ya te has enfrentado antes con este reto y lo has logrado. Y cuando no has podido lograr tus metas, había una razón. Ahora tienes una mejor comprensión de lo que estás consiguiendo y tienes unas herramientas y estrategias que no habías tenido hasta el momento.

1

¿Estás lista para el cambio?

Como la mayoría, deseas que muchas cosas de tu vida sean diferentes. A lo mejor quieres perder peso, dejar de fumar, ser más enérgica, aprender otro idioma o pasar más tiempo con la persona amada. Algunas de las cosas que quieres hacer no interesan a los otros. Por lo tanto, ¿cómo valoras si has logrado tus objetivos? Un factor muy importante para responder a esta pregunta es tu determinación a cambiar que, si no es lo suficientemente fuerte, puede ser una barrera para conseguir la pérdida de peso y hacer ejercicio que te has propuesto. Este capítulo te ayudará a conocer tu actitud actual para cambiar tus hábitos y te proporcionará trucos para mejorarla.

¿Cuál es tu actitud ante el cambio?

Gran parte de la investigación científica relativa a los cambios en el estilo de vida para que sea más saludable (perder peso, hacer ejercicio, dejar de fumar, reducir el consumo de alcohol) se han centrado en el análisis de la actitud de las personas ante este cambio de vida. El resultado de estos estudios es que sólo se produce si la persona está preparada para asumirlo. La buena noticia es que estás preparada para ello, ya que estás leyendo este libro e intentas comprender la razón por la que hasta ahora no has tenido el éxito deseado. En este capítulo, verás que los sentimientos contrapuestos de «querer y no querer» te impiden estar totalmente preparada para cambiar.

¿Cuál es la causa de estos sentimientos contrapuestos ante un cambio potencialmente positivo? En realidad, hay varias explicaciones posibles. Por ejemplo, ¿cuánto te importa el cambio? Si el deseo de cambiar es más importante para otra persona (tu pareja, familia o doctor) que para ti, puede ser ésta la causa de tu ambigüedad ante el cambio. Otro factor es el grado de confianza que tengas sobre tu propia capacidad para realizar los cambios que quieres hacer. Si no crees que puedas perder peso o llevar a cabo un programa de ejercicio físico, o piensas que no hay nada que te ayude para este cambio, tendrás una actitud ambigua ante el deseo de cambiar. ¿Cómo harás la comparación entre las ventajas de hacer el cambio y las de seguir igual? ¿Cómo te planteas las desventajas del cambio? Tus respuestas a estas preguntas determinan tu predisposición al cambio. Conoces las ventajas del cambio y las de mantenerte tal como estás, y necesitas ser consciente de ambas para resolver tus dudas e ir hacia la meta que te has propuesto.

Predisposición para el cambio

La pregunta que te puedes estar haciendo es: «¿Cómo puedo cambiar para mejorar?». Una posible respuesta puede dártela una teoría investigada por los psicólogos Prochaska y DiClemente (1983). Estos científicos sugieren que la predisposición al cambio se produce en fases predecibles que van desde no pensar en el cambio a contemplar dicha posibilidad, ponerla en marcha y mantenerla. Una persona puede retroceder a la fase inicial y comenzar desde el principio después de un período de tiempo. A continuación te describiremos las diferentes fases del cambio.

Fase de prerreflexión

En esta primera fase no contemplas la posibilidad de cambiar. Incluso algunas personas rechazan la posibilidad de que sus hábitos sean perjudiciales para tu salud. Aunque reconozcan que pueden dar lugar a problemas, los minimizan o piensan que no les pasará. Los individuos que se encuentran en esta fase pueden señalar que otras personas han tenido resultados contraproducentes para su salud, les echan en cara sus problemas o muestran alegría por la forma en que se han desarrollado las cosas. Pueden decir: «He intentado hacer ejercicio regularmente y no funciona», o «Nada me sirve, por lo tanto, tengo que aceptarme tal como soy».

Fase de reflexión

Como puedes imaginar, la siguiente fase del cambio, la de reflexión, es aquella en la que empiezas a pensar en la posibilidad de un cambio. Eres consciente de que tu situación actual es diferente a otras que, posiblemente, son más deseables. Conoces mejor los motivos por los que quieres cambiar y buscas información sobre la práctica de ejercicio y sobre una dieta saludable.

Fase de preparación

La fase de cambio siguiente es la preparación. Normalmente, si estás en esta fase, te estás preparando para hacer los cambios dentro del próximo mes. ¿Has pensado en lo que vas a hacer para lograr la pérdida de peso y tus metas de ejercicio físico? ¿Conoces los lugares que hay cerca de tu casa o de tu trabajo para hacer ejercicio? ¿Te has marcado los kilos que quieres perder? Aunque ya estés planeando pasar a la acción, tus dudas pueden ser grandes. Si te saltas esta fase o no haces planes concretos puedes dificultar la posibilidad de éxito a largo plazo.

Fase de acción

La siguiente fase es la de acción. Tus actos son visibles y otras personas pueden observarlos. Si alguien te siguiera con una cámara de vídeo podría grabar lo que haces para alcanzar fácilmente la meta perseguida. Estás muy ocupada y puedes empezar a sentirte satisfecha ya que has empezado a ver cambios.

La mayor parte de los métodos de pérdida de peso o planes de ejercicio físico, así como de libros y artículos en revistas, te animan diciéndote: «puedes hacerlo». Pero la investigación de Prochaska demuestra que sólo el veinte por ciento de las personas están preparadas para empezar en cualquier momento. Por consiguiente, iniciar el proceso prematuramente es un error que es perjudicial a largo plazo. Es sumamente importante que vayas a tu propio ritmo y que no inicies esta fase del cambio hasta que no te encuentres verdaderamente preparada. Sólo si es así podrás conseguir que el cambio se mantenga durante mucho tiempo.

Fase de mantenimiento

En esta fase mantienes el cambio para conseguir llegar a la meta que te has propuesto. Es como el cepillado de dientes todas las noches. La conducta se vuelve un hábito que se mantiene con el tiempo. Muchas personas lo consiguen adoptando una nueva conducta de salud. Probablemente antes has probado perder peso y hacer ejercicio. Si es así, sabes que mantener lo que inicialmente has conseguido puede ser difícil. Los dos mayores peligros a los que te enfrentas son: el exceso de confianza que se produce cuando el cambio se mantiene, y los parones que pueden convertirse en recaídas y que te obligan a reiniciar el proceso de cambio.

Fase de finalización

La mayor parte de la gente pasa varias veces por las diferentes fases de cambio hasta que los nuevos modelos de conducta se convierten en permanentes y pueden decir con seguridad que nunca volverán a tener el problema. Hay algunos cambios que no terminan nunca, pero llega un momento en que no son tan importantes porque has desarrollado las habilidades necesarias para solucionar los traspiés y las de alejarte de las tentaciones. Sabrás que te encuentras en la fase de finalización cuando hayas desarrollado una nueva imagen de ti misma y no tengas tentaciones de volver a la conducta anterior. Asimismo, desarrollarás estrategias que te ayudarán cuando te encuentres en situaciones comprometidas y tendrás la seguridad que te ayudarán a resolverlas.

¿A qué ritmo se produce el cambio?

En ocasiones, los profesionales que trabajan ayudando a personas a cambiar sus comportamientos de alimentación y de hacer ejercicio se encuentran con casos en los que la persona pasa de la fase de prerreflexión a la acción y mantenimiento de forma inmediata. En estos casos, la persona cambia a mejor de forma radical. ¿Por qué? Probablemente estos individuos pertenecen al veinte por ciento de personas que están preparadas para la acción. Es posible que hayan pasado por las otras fases más rápidamente que el resto de las personas. En ocasiones, estos cambios se producen después de una experiencia personal traumática, un despertar personal o una visión súbita. Se encuentran en un permanente «ah-ha» que les lleva a la acción y el cambio a largo plazo. Algunos individuos que han perdido peso y se han mantenido durante muchos años describen que el punto de inflexión se produjo a raíz de un suceso (o serie de sucesos).

Algunas personas se motivan después de una crisis o despertar personal que los agita del *statu quo* y los mueve a actuar en su propio interés. Aunque el cambio drástico sucede en ocasiones y es el que tiene resonancia en los medios de comunicación, la inmensa mayoría de las ocasiones se debe a una reflexión sobre los temas que se presentan a lo largo de este libro. En el próximo apartado podrás conocer más sobre la fase del cambio en la que te encuentras y cómo conseguir una mejor disposición.

Es sumamente importante conocer tu predisposición a perder peso y mantener un programa de ejercicio físico. Muchas personas inician este proceso sin haber meditado sobre las consecuencias que ello puede tener. Sin haberse preparado con anterioridad, una persona de treinta años, fumadora de tres paquetes al día, difícilmente se librará del síndrome de abstinencia y no volverá a fumar. Esta persona primero debe conocer el desafío que es dejar de fumar y establecer un plan viable para cuando tenga un impulso de fumar o cuando un amigo le ofrezca un cigarrillo después de la cena. Aunque, a veces, se pueden conseguir resultados a corto plazo cuando se toma la decisión de forma impulsiva, hay que prepararse para el fracaso si con anterioridad no nos hemos preparado. Con la preparación, los resultados a largo plazo suelen ser más positivos.

No creemos que ahora sea el mejor momento para cambiar, y asumimos que es posible que tengas dudas. Puede que tu decisión sea hacer algún movimiento para cambiar, pero no totalmente. Quizá tu decisión sea no cambiar en absoluto. El objetivo de este capítulo es ayudarte a conocer si tu actitud personal ha impedido que logres tu meta. Si esto es así y lo que quieres es empezar a actuar, estaremos encantados de mostrarte el camino. Por el contrario, lo que aprendas en este libro te puede servir para reconocer que no estás preparada para cambiar tu manera de pensar. Dejarás de culparte por no tener éxito y sabrás cuándo estarás preparada para poder empezar.

¿Qué es lo que haces ahora?

Completa los ejercicios siguientes, que nos darán pistas sobre tu actitud ante el cambio y cómo está afectando a la consecución de tus objetivos. Lee las frases siguientes y comprueba las que te describen de forma más exacta.

☐ He leído sobre cómo hay que cambiar, pero no lo hago.

☐ Con anterioridad he cambiado, pero siempre vuelvo a mis antiguas costumbres.

☐ Mi conducta actual puede causarme futuros problemas, pero es muy duro hacer algo.

☐ Me agobia pensar en lo que tengo que cambiar.

☐ Tengo mis propios motivos para cambiar.

☐ Estoy tomando medidas para alcanzar mis metas.

☐ Estoy segura de poder cambiar mis hábitos de forma permanente.

☐ He resuelto la mayor parte de mis problemas relacionados con mi estilo de vida.

Si las frases que mejor te describen son las cuatro primeras, tu actitud ante el cambio impide que tengas éxito para alcanzar la meta que te has propuesto. Si, por el contrario, las que mejor te definen son las cuatro últimas, estás en el buen camino. En cualquier caso, te animamos a seguir leyendo este capítulo y a hacer los ejercicios que te ayudarán a comprender en qué situación te encuentras.

Establece en qué fase te encuentras

Prochaska y Cols. tienen una manera fácil de determinar tu fase de cambio. Con el fin de definir la fase en la que te encuentras y lo que significa «tomar medidas», a continuación proponemos una meta. (En el próximo capítulo te ayudaremos a redefinir tu meta.) Por ejemplo si es perder peso, piensa que tienes que tomar medidas para perder de medio a un kilo por semana hasta alcanzar el peso deseado. Si tu meta es aumentar el ejercicio físico, tienes que tomar medidas para caminar a ritmo moderado veinte minutos cinco veces por semana. Son metas arbitrarias, pero nos proporcionarán una pauta para definir la fase de cambio.

Puede que tu fase de cambio para la pérdida de peso y la práctica de ejercicio probablemente sean diferentes, pero piensa en cada área en los siguientes términos: si resolviste tus dificultades con el peso o el ejercicio hace seis meses, te encuentras en la fase de mantenimiento. Si has tomado la decisión en los últimos seis meses pero no has conseguido todavía los objetivos, estás en la fase de acción. ¿Piensas tomar medidas en los próximos seis meses? Entonces estás en la fase de la preparación. Si estás pensando en tomar medidas sobre tu peso (o el ejercicio que realizas), en los próximos seis meses, estás en la fase de reflexión. Finalmente, si no estás pensando en realizar ningún cambio para perder peso o hacer más ejercicio, estás en la fase de prerreflexión. Ahora que conoces en la fase en que te encuentras, exploraremos tu predisposición con más profundidad.

¿Cómo puedes tener más éxito?

Para tener más éxito, debes mejorar tu predisposición al cambio. Aunque los ejercicios que exponemos a continuación son más apropiados para las primeras fases del proceso, te animamos a que pienses con detenimiento en los ejercicios de cada apartado ya que el ciclo de cambio puede repetirse varias veces hasta que los cambios sean permanentes.

Haz un balance entre pros y contras

Seguramente habrás utilizado con anterioridad una lista de pros y contras para resolver un problema. Los psicólogos han descubierto que, a menudo, los individuos no analizan las ventajas e inconvenientes de cada comportamiento. Esto te ayudará a conocer mejor tus motivaciones para perder peso y hacer ejercicio. Es muy importante que seas sincera al analizar los aspectos positivos de lo que haces. Te sientes recompensada por ello porque, si no fuera así, no lo harías.

Coge un folio y traza una línea vertical que lo divida por la mitad. Después dibuja una línea horizontal que divida por la mitad el folio. El folio quedará dividido en cuatro rectángulos iguales. En primer lugar, concéntrate en la pérdida de peso. En la parte superior izquierda del folio escribe «Pros» y en la parte superior derecha «Contras». En el rectángulo superior izquierdo escribe: «¿Cuáles son los beneficios de mis actuales hábitos de alimentación?» y en el rectángulo inferior izquierdo escribe: «¿Cuáles son los beneficios de perder peso?». En el rectángulo superior de la derecha escribe: «¿Cómo me afecta no perder peso?» y en el rectángulo inferior del mismo lado: «¿Cómo me afecta perder peso?». Tómate unos minutos antes de contestar cada una de las preguntas para hacerlo de la mejor manera posible.

Gira el folio y responde a las mismas preguntas pero en relación al ejercicio físico. En la parte de los «pros» pregunta:«¿Cuál es el beneficio de no hacer ejercicio?» y «¿Cuál es el beneficio de hacer ejercicio?». En el lado de los «contra» las preguntas son: «¿Cómo me afecta no hacer ejercicio?» y «¿Cómo me afecta hacer ejercicio?». Date un margen de tiempo antes de contestar para que tu respuesta sea lo más sincera posible.

Cuando hayas terminado el ejercicio, tendrás una lista completa de las razones por las que te gustaría cambiar y las razones por las que te gustaría quedarte tal como estás. Este ejercicio te proporcionará una importante información que te permitirá avanzar en las fases del cambio. Sin embargo, el propósito principal de este ejercicio es explorar tus pensamientos; no se pretende cambiar tu manera de pensar sobre lo que hay que hacer. Recuerda que la decisión final de empezar la fase de acción y las fases de mantenimiento depende exclusivamente de ti. Completa con lo que viene a continuación la lista de «pros» y «contras».

Resumen

Para hacerte una idea de la situación, revisa los pros y los contras de cambiar y de quedarte tal como estás. Haz un resumen de tu situación actual, te dará una idea de cuáles son tus pensamientos sobre el cambio. Prochaska y Cols. (1994) señalan que hay un modelo de pros y contras que facilita el paso de una fase a otra. En las fases iniciales (de prerreflexión a la reflexión), aumentan los pros y contras de perder peso y hacer ejercicio. En fases posteriores (de reflexión a la acción) se reducen los problemas o los contras percibidos de perder peso o hacer ejercicio. A medida que se hacen más patentes los beneficios del cambio de hábitos, te muestras más partidaria.

Ten presente que poner en marcha este proceso no es tan fácil como hacer una lista de pros y contras. Un pro o contra puede ser más importante que todos los demás. Encuentra la razón más importante para quedarte tal como estás y la más importante para cambiar y completa esta frase: «Por una parte, yo (inserta la mejor razón para quedarte como estás), pero por otro lado (inserta la mejor razón para cambiar)». Escribir esta frase te ayudará a conocer lo esencial de tu comportamiento. Ahora valora la importancia de estas razones en una balanza de 0 (sin importancia) a 100 (sumamente importante). Después de aislar y valorar el beneficio más importante y reto que significa, podrás analizar las dudas que normalmente se presentan cuando se empieza a pensar en la posibilidad de cambiar.

Encuentra la información correcta

Al analizar la indecisión que tienes, obtendrás la correcta información. A veces lo que te impide avanzar son creencias que están basadas en inexactitudes. En las fases tempranas de cambio, analiza los pros y contras que encubren excusas que no se basan en hechos ciertos. Algunas de las razones que se dan para no cambiar son: «se necesita mucho tiempo» «hay que gastar demasiada energía», «lo he intentado antes y nada funciona», «no depende de mí porque otros compran y preparan la comida en casa», «no tengo dinero» y «si cambio, no seré yo misma».

Empieza preguntándote si alguna de estas frases es exacta. Esto puede significar que tienes que hablar con el doctor, la enfermera o el dietista. También puede ser necesario comentarlo con la familia o los amigos. Explícales tu situación y pídeles su opinión sobre si lo creen correcto o si ellos pueden aportar otras ideas. Intenta guiar las contestaciones con pregunta del tipo: «¿Cuánto me costará en tiempo, energía y dinero empezar a perder peso y hacer ejercicio?». Sus opiniones pueden ser muy acertadas. Puede ser que las finanzas familiares no te permitan ir a un gimnasio o asociarte a un club. Sin embargo, hay muchas formas de hacer ejercicio muy baratas o gratis que te permitirán endurecer tu cuerpo y mejorar tu salud. Con una actitud abierta, explora tus dudas y busca toda la información importante que ayude a valorar las razones que has expuesto en tu hoja de pros y contras.

Avánzate

Otra técnica para avanzar en tu fase actual de cambio es proyectarte hacia el futuro y ver lo que pasará si mantienes tu comportamiento actual. Pregúntate: «¿qué es lo que pasará si yo no cambio?», «¿que es lo que está pasando en mi vida?», «¿qué es lo que probablemente pasará?», «¿cómo me sentiré?».

Piensa nuevamente en el futuro previendo lo que pasará con tu vida si consigues los objetivos que te has propuesto. Imagina tus sentimientos sobre ti misma y las posibles reacciones de los otros. Algunas personas se motivan imaginando los riesgos que se pueden producir por no cambiar, mientras que otras lo hacen viendo las posibles mejoras que se producirán en el futuro. El objetivo de este ejercicio es sacar a la luz las emociones que te producen los cambios que quieres realizar. Esta técnica te puede ayudar a motivarte para actuar, y también puede usarse para reforzar tu predisposición al cambio cuando tengas dudas en la fase de acción o durante las fases de mantenimiento. Sólo se necesita un minuto para hacer este ejercicio. Cierra los ojos e imagina tu vida junto con tus pensamientos, sensaciones, el ambiente que te rodea y las reacciones de otras personas en ambos escenarios. Y ahora, pregúntate qué es lo que tienes que hacer para conseguir el futuro que quieres tener.

Comprueba tus valores y creencias

Tus valores y creencias son importantes para el cambio. Tus valores o lo que es muy importante para ti es la guía de tu actividad diaria. Si piensas en tus actividades diarias, valora la importancia de perder peso, de seguir una dieta sana, de realizar ejercicio. Para ello utiliza tres balanzas distintas que van desde 0 (sin ninguna importancia) a 100 (muy importante). Debes hacer una valoración para la pérdida de peso, otra para la dieta sana y, por último, una para el ejercicio. Si tu valoración para las tres es alta, debe quedar reflejado en tu vida diaria. Pregúntate si la valoración que les das es la que tienen en realidad y qué necesitas hacer para aumentarla.

Ahora valora la confianza que tienes en poder lograr tus metas con respecto a la pérdida de peso y ejercicio: de 0 (ninguna confianza) a 100 (la confianza absoluta) para tasar tu confianza en las afirmaciones siguientes: 1) creo en mi capacidad para perder peso, 2) sé que puedo alcanzar mi objetivo con respecto al ejercicio y 3) he decidido seguir una dieta sana.

¿Tu evaluación es alta? Si eres escéptica sobre tu capacidad para lograr tus metas, debes aumentar tu confianza en ti misma que te ayudará a prepararte para actuar. Pregúntate qué debes hacer para aumentar tu confianza, que está en 10 puntos. Una manera de hacerlo es crear una experiencia positiva; se hace de la siguiente forma: piensa en la confianza que tenías la última vez que conseguiste una pérdida de peso o el objetivo que te habías propuesto de hacer ejercicio. Pero hay más, las recomendaciones que se presentan en este libro te proporcionarán muchas experiencias positivas adicionales, mostrándote que puedes alcanzar tus metas. Escoge una acción fácil para realizar hoy, como tomar un plato de verduras o un tentempié como comida. Otra forma de mejorar tu confianza es fijarte en lo que hace otra persona que tiene más éxito. Pon en práctica alguna de las estrategias que ya conoces.

Desarrolla la empatía

En las primeras fases del cambio, cuando tienes más dudas, te puedes ayudar desarrollando empatía hacia ti misma y hacia otros. Hacia uno mismo significa adoptar una actitud de comprensión y aceptar que se está avanzando, aunque sea a paso de tortuga.

Además de mejorar esta actitud hacia ti misma, debes intentar saber qué es lo que piensan las personas que te rodean sobre tus hábitos actuales y los cambios que pretendes hacer. Ponte en su lugar e intenta comprender lo que te están diciendo. Puede ser que pienses que están demasiado pendientes de ti, cuando lo que existe es una preocupación por tu seguridad si tu salud está en peligro. Lo que percibes como comentarios negativos que no te ayudan, a lo mejor es la única manera que saben para motivarte. Desarrollar desde los inicios una empatía contigo misma y otros te ayudará a progresar en las diferentes fases del cambio.

Ejercicios de la fase posterior

Las tareas que se producen en las fases de preparación, acción y mantenimiento están relacionadas con la preparación, el compromiso y la puesta en marcha del cambio. En el próximo capítulo se explican los sistemas que puedes usar en la fase de preparación y te ayudaremos a detallar tus objetivos y definir el plan que te conduzca al éxito. En posteriores capítulos se explicarán otros sistemas para empezar a actuar y para mantener los objetivos alcanzados.

¿Por qué te alejas del camino?

¿Qué ocurre si tienes dudas de que estás verdaderamente preparada para cambiar? Hazte las siguientes preguntas y comprueba si te estás alejando del camino que te has marcado.

- ¿Estás pensando que la pérdida de peso y el plan de ejercicios se conseguirán sólo con proponértelo o de una forma muy rápida?
- ¿Cuál es el motivo por el que piensas de esta forma?
- ¿Has empezado a actuar demasiado pronto, sin estar preparada para el cambio?

- ¿Valoras tu salud lo suficiente como para pensar que una de tus prioridades es tener un estilo de vida saludable?

- Cuando piensas en perder peso y hacer ejercicio ¿Aún tienes dudas?

Estrategias para seguir el camino trazado

Cuando las fuerzas empiecen a flaquear, las siguientes estrategias te ayudarán a no apartarte del camino que te has trazado.

Vuelve a hacer tu lista de pros y contras

Si te alejas del camino que te habías propuesto, vuelve a escribir la lista de pros y contras para tener una mayor información sobre lo que piensas del cambio. Este ejercicio te ayudará a ser objetiva sobre tus motivos para cambiar.

Haz real tu futuro

Considera de forma objetiva qué es lo que piensas que puede suceder si mantienes el modelo de vida actual. Si lo crees necesario, busca más información sobre lo que pasará si mantienes tus poco saludables hábitos de vida.

Date tiempo para preparar el cambio

Con el fin de evitar que empieces sin estar preparada, haz una prueba proponiéndote una meta a corto plazo y prepárate para ella y para los cambios que sean necesarios con el fin de conseguirla.

Lee el capítulo 2

Si tienes problemas para que tu salud sea un valor importante en tu vida diaria, lee el próximo capítulo. Te dará algunas pistas para definir tus prioridades y tus metas con referencia al estilo de vida.

2

¿Tienes claros tus objetivos y tu plan de acción?

Es fundamental que te marques unos buenos objetivos y un buen plan de acción para ayudarte a conseguir lo que te propones en materia de salud. Unos pobres objetivos o un plan de acción poco desarrollado pueden ser la barrera que te impida conseguir las metas que te has fijado. En este capítulo aprenderás a fijarte buenos objetivos que podrás conseguir con un esfuerzo razonable. También crearás y evaluarás el plan para conseguirlos. Al mismo tiempo, revisaremos conceptos básicos sobre salud para asegurarte que son correctos. El objetivo de este capítulo es ayudarte a valorar de la manera más crítica si tu plan de acción es el idóneo para ti.

¿Cuál es tu objetivo?

La mayoría de gente puede definir qué es un objetivo: es el punto final hacia el que dirigimos nuestros esfuerzos. Sin embargo, es difícil distinguir entre un objetivo bien construido que pueda ser alcanzado y otro mal estructurado que no se pueda lograr. Definir cuáles son los correctos en cuanto a pérdida de peso y a la práctica de ejercicio puede ser peliagudo.

Los objetivos tienen algunos «parientes lejanos» que, normalmente, son erróneos. Son los deseos y las necesidades. Los deseos son más imaginarios que reales, y generalmente consisten en algo que actualmente es inalcanzable o que difícilmente pasará. En la mayoría de los casos, los deseos más comunes son conseguir una riqueza instantánea o que no se hubiera producido un hecho negativo. Piensa en algo que desees: tener el tipo de una modelo, casarte con una estrella de cine o ganar a la lotería.

Pero sólo una pequeña minoría (piensa en un número muy pequeño, diminuto, minúsculo) de individuos del planeta lo consiguen.

Una necesidad es más que un deseo, más realista, y es posible lograrla. Esto es así porque cuando quieres algo lo suficiente, le das prioridad. Puede ser que quieras cosas inalcanzables, pero estarás más predispuesta a realizar un esfuerzo por cosas que quieres. Sin embargo, esta reorganización de tus valores puede no ser real porque tus necesidades aún son abstractas o no has empezado a actuar para conseguirlas. Por ejemplo, quieres hacer ejercicio tres veces por semana, pero el ejercicio regular puede que nunca haya formado parte de tu lista de objetivos.

Sólo una verdadera necesidad puede unir lo que se desea con lo que se quiere. Una cosa es lo que quieres, y otra lo que verdaderamente necesitas. Pero ten cuidado, lo que deseas y lo que quieres pueden convertirse en «necesidades» como cuando dices: «Hoy quiero hacer ejercicio» sabiendo que lo que deseas es hacer ejercicio. Piensa en lo que verdaderamente necesitas. Tus necesidades abarcan lo esencial de ti misma, no lo que deseas o lo que quieres. Cuando satisfaces una necesidad, consigues un propósito más profundo. Cuando tienes una necesidad real de sentirte sana, la conviertes en una parte importante de tu vida cotidiana. Se incrementará la importancia del estilo de vida sana y continuarás actuando de esta forma. Ahora planteemos de nuevo la definición de objetivo. Los objetivos guían las acciones que están directamente relacionadas con la consecución de un fin, la verdadera necesidad de ser y sentirse sano. Si logras llevar el estilo de vida que te has propuesto, tendrás un sentimiento de satisfacción y de haber cumplido lo propuesto.

¿Cuál es tu plan de acción?

Un plan de acción es una estrategia o una serie de estrategias para conseguir un objetivo. En el deporte, el objetivo de un plan de acción es el de sacar el mayor rendimiento del potencial de un equipo frente a otro. El entrenador diseña unas estrategias que el equipo puede realizar y, de esta forma, tiene probabilidades de éxito. Un plan de acción se diseña paso a paso con el fin de conseguir el objetivo de ganar el juego. Por ejemplo, si tu objetivo es aumentar el ejercicio que haces, inicialmente deberías encontrar un tipo de ejercicio que te guste. Un segundo paso puede ser averiguar dónde puedes realizar de manera regular este ejercicio. Un tercer paso será la planificación de un horario donde, de forma gradual, empieces a incluir el ejercicio. Un plan de acción para conseguir una alimentación sana incluirá estrategias que te ayuden a controlar las situaciones que puedan llevarte a una sobrealimentación.

Es importante tener un buen plan de acción, ya que cada día te enfrentas con muchas opciones que están relacionadas con tus objetivos sobre el estilo de vida. Usarás estrategias específicas para escoger, dentro de estas opciones, las que mejor se adapten a la consecución de tus objetivos. Estas estrategias te proporcionarán estímulos que te ayudarán a conseguir los objetivos para que tus progresos sean visibles y duraderos. Es fundamental que evalúes tu plan de acción para asegurarte de que tu actuación diaria la realizas en función de tus objetivos. Sin un plan de acción es improbable que alcances las metas que te has propuesto.

Muchas, muchas personas se alejan completamente del camino que se han marcado porque no siguen la norma de tener unos buenos objetivos ni la de desarrollar un plan de acción. Si no las conoces y las sigues, puedes caer en un círculo vicioso de fracaso y frustración. Los ejercicios siguientes te ayudarán a pensar sobre tus objetivos y tu plan de acción con el fin de que estés segura de adónde vas y para que no te desvíes del camino.

¿Qué haces ahora?

Lee las frases siguientes y verifica cuáles son las que te describen mejor.

☐ He definido mis prioridades con respecto a la salud.

☐ Conozco qué lugar ocupan mis objetivos sobre la salud con respecto a mis otras prioridades.

☐ Tengo varios objetivos específicos a largo plazo con relación a mi salud.

☐ Fácilmente, mis objetivos se reflejan en mi actividad diaria.

☐ Sé cuándo he logrado mis objetivos.

☐ Fácilmente se puede comprobar que mis opciones diarias me ayudan a conseguir mis objetivos sobre la salud.

Si contestas «sí» a la mayoría de estas preguntas, estás en el buen camino. Si contestas «no» a la mayor parte de las preguntas, debes aprender más sobre los objetivos y el plan de acción para conseguirlos. Tanto si la respuesta es «sí» como si es «no», sigue leyendo las sugerencias que te exponemos más adelante sobre cómo escoger tus objetivos y sobre lo que mejor debe servir para conseguir lo que te propones.

¿Cómo puedes tener más éxito?

Los siguientes ejercicios te ayudarán a fijar buenos objetivos y a crear un plan de acción para ti. Antes de empezar, coge un papel para anotar tus reflexiones.

Empieza por el final

Piensa durante un minuto sobre tus objetivos de estilo de vida sana. ¿Tus objetivos son perder peso o realizar un programa de ejercicios de forma regular? ¿Quieres conseguir un objetivo de salud específico como bajar la presión sanguínea? ¿Qué objetivos de estilo de vida tienes que conseguir para satisfacer tu verdadera necesidad? ¿Si alcanzas tu estilo de vida saludable, cómo crees que será tu vida? Escribe cuatro objetivos finales que quieras conseguir relacionados con la salud. Al terminar de leer este capítulo, habrás realizado una prueba de fuego de tus objetivos donde comprobarás la firmeza de los mismos. Primero te explicaremos unas reglas sobre los buenos objetivos. Después utilizarás estas reglas para conocer en profundidad si son los más indicados para ti. Empecemos analizando las cuatro reglas para conseguir buenos objetivos:

Los buenos objetivos encajan en tu plan de vida global

Tus objetivos para una parte de tu vida, como son la familia, la carrera, las finanzas, sólo pueden ser buenos si forman parte del plan general de tu vida. Aun sin saberlo, tienes un plan de vida. Como dijimos en el capítulo anterior, tu actuación diaria es una manifestación de tus creencias, tus valores y de todo lo que es importante para ti. Tus ideas generales sobre cómo mejorar tu salud están entre esas creencias y valores.

Es fácil descuidar los objetivos de pérdida de peso y de hacer ejercicio cuando no has tenido problemas de salud a causa de tu estilo de vida. Por otra parte, sobredimensionar los objetivos de salud te puede impedir el comprometerte con otros.

Los buenos objetivos son razonables y sostenibles

Esta regla parece tan obvia que puedes pensar que no es necesario formularla. ¡Para qué! La mayoría de las personas que quieren perder peso y hacer ejercicio crea metas que son poco realistas. Después de un período de vida sedentario ¿no te has propuesto alguna vez: «Desde hoy voy a correr 1.500 metros cada día», o: «Mi objetivo es perder 7 kilos en un mes»? ¿Estos objetivos son razonables? Probablemente no.

Plantea los objetivos correctamente

Los objetivos deben ser expuestos de forma positiva y específica. Si dices: «Intentaré hacer ejercicio durante 30 minutos al día», ¿te motivarías? Es más positivo decir: «Daré un paseo a paso rápido durante 30 minutos los lunes, miércoles y viernes y nadaré en el gimnasio durante 45 minutos los martes, jueves y sábados. El domingo, descanso». ¿Podrías alcanzar este objetivo si no has hecho ejercicio durante años? La respuesta correcta es «No». Este objetivo es para alcanzarlo a largo plazo, no para los inicios. Debes escribir tus objetivos de forma positiva y adaptada a tu situación específica.

Los buenos objetivos son mesurables

Los buenos objetivos son mesurables, lo que significa que puedes ver si los has alcanzado. Un objetivo del tipo: «Debo hacer algo para mejorar mi salud», es demasiado general como para medirlo. El objetivo de mantener tu peso actual durante las próximas dos semanas es mesurable. También lo es tomar 1.500 calorías por día. Después de establecer tus objetivos, debes preguntarte cómo sabrás si los has logrado ¿puedes medirlos? ¿Cómo puedes hacerlo?

Haz un análisis

Tal como hemos dicho en la primera regla, tus objetivos globales deben formar parte de tu plan de vida. Anota la lista de las máximas prioridades de tu vida. Después ponlas en orden de importancia; es muy importante esta fase porque los actos que realizas cada día están determinados por la importancia que das a cada una de tus prioridades. Luego escribe las respuestas a las preguntas siguientes:

1. ¿En qué lugar de la lista de prioridades está la pérdida de peso y hacer ejercicio?

2. ¿Se encuentra en una posición lo suficientemente alta como para que influya en tus actos?

3. ¿Tus objetivos de estilo de vida están ensombreciendo prioridades más importantes?

4. ¿Tus prioridades cambiarían si tienen consecuencias adversas en tu salud?

5. ¿Qué te supondría comprometer tu prioridad de la salud en tu plan de vida?

Asegúrate de que tus objetivos son razonables

Una parte importante para conseguir mantenerse en el camino fijado es el que las metas sean razonables. A continuación te proporcionamos información básica sobre la pérdida de peso y el ejercicio, que te ayudará a saber si tus objetivos son razonables. Este es el único lugar del libro en el que se presenta información específica sobre salud. Proviene de The Dietary Guidelines for Americans 2000 y se encuentra en Internet (véase Recursos). La información presentada es una pauta general, por lo que te sugerimos que consultes a tu médico sobre lo que es más indicado en tu caso. La ayuda de un dietista también puede ser útil. Las siguientes secciones te servirán para contestar las preguntas fundamentales sobre la idoneidad de tus objetivos de pérdida de peso y de práctica de ejercicio. Primero contestarás las preguntas siguientes: ¿necesitas perder el peso? Si es así ¿cuánto necesitas perder?

Averigua tu IMC

Para averiguar si necesitas perder peso, debes evaluar tu peso con respecto a tu altura. Es lo que se llama índice de masa corporal (IMC o BMI, en inglés). Necesitas saber tu peso y altura. La fórmula para el IMC es:

El peso en kilos dividido por el cuadrado de la altura en metros.

Si pesas 65 kilos y mides 1,60 metros, tu IMC será: 65 dividido por el cuadrado de 1,60, es decir, 65 dividido por 2,56, lo que dará que tu IMC es de 25,39. Usa estas referencias para conocer el peso saludable.

- El peso saludable = IMC de 18,5 a 24,9

- El sobrepeso = IMC de 25 a 29,9

- Obeso = IMC de 30 o superior.

Si eres una persona musculada y con poca grasa, puede ser que tu IMC sea alto pero, en este caso, es menos peligroso para tu salud que en otros casos en los que el IMC es diferente al indicado.

Considera otros factores

Aunque tu IMC sea el correcto, otros factores pueden aumentar los riesgos de tener problemas de salud: el exceso la grasa abdominal o una historia familiar de problemas de salud, como la diabetes, enfermedades del corazón o el colesterol alto. En Internet puedes encontrar más información sobre otros factores que hacen referencia a la importancia de la pérdida de peso (véase Recursos).

Decide cuánto peso necesitas perder

Con suerte, decidirás el peso que necesitas perder con la ayuda de un médico o de un dietista. La tarea te puede amilanar si tienes un IMC de treinta o superior. Una buena noticia es que estudios realizados recientemente demuestran que pequeñas pérdidas de peso (entre el 5 y el 15% del peso) pueden retardar o prevenir enfermedades como la diabetes (Knowler et al, 2002) y mejorar la salud (Dietary Guidelines for Americans 2000). Un primer paso podría ser perder el peso dentro de estos porcentajes. Aunque tu IMC, despues de perder este porcentaje, no será el del peso saludable que te corresponde, disminuirás la posibilidad de tener enfermedades asociadas a la obesidad.

Aprende cuál es el mejor método

Como sabes, hay muchas formas de perder peso. Pregunta a tu médico cuál es la correcta para ti. En general, las pautas dietéticas recomiendan que pierdas el peso tal como señalan las formas tradicionales, lentamente y cambiando tus hábitos alimenticios y de ejercicio. Si tu IMC se encuentra en la franja de los obesos, debes consultar a un especialista que señale un programa especial de pérdida de peso para ti, medicación o cirugía. Esto no será suficiente para conseguir tus objetivos ya que necesitarás adoptar un cambio en tus hábitos de alimentación y en la práctica de ejercicio.

Pierde peso despacio

Para la mayoría de las personas, un objetivo razonable es perder un 10% de su peso en seis meses. Esto significa un promedio entre 250 gramos y 1 kilo por semana. Después de establecer un objetivo razonable, debes programarte un calendario que te sirva. Los objetivos deben empezar siendo pequeños e irlos incrementando poco a poco. Si tu IMC es alto, la pérdida de un 10% puede ser un objetivo para empezar que revisarás al alcanzarlo. Multiplica tu peso por 0,10 para conocer el 10% de tu peso. Si tu peso es de 90 kilos el 10% serían 9 kilos. Una apuesta segura sería perder medio kilo por semana. Lo que significa que necesitarás 18 semanas (cuatro meses y medio) para perder el peso deseado.

¿Qué sucede si lo que tienes que perder son 30 kilos para conseguir tu peso saludable? No te descorazones. Recuerda que el objetivo es perder peso y que se mantenga durante mucho tiempo. En la carrera entre la tortuga y la liebre, la tortuga ganó. La consecuencia de ser liebre, lo que en este caso significa una pérdida de peso rápida, es quedarse en la cola de la carrera. Piensa en el beneficio que se ha descrito anteriormente. Primero, si pierdes un 10% del peso y se mantiene, te ayudará a sentirte bien y disminuirán algunos riesgos de la salud asociados con el sobrepeso. Segundo, habrás aprendido conductas de vida que se volverán un hábito y no te parecerá difícil alcanzar el próximo paso.

Come alimentos sanos y haz ejercicio

Se recomienda una dieta sana y hacer ejercicio para una pérdida de peso a largo plazo. En el próximo apartado hablaremos del ejercicio. Éste es tan importante para mantener la salud como la pérdida de peso y para conseguir que esta pérdida se mantenga. Se ha escrito mucho sobre cómo alimentarse de forma más sana. Algunos de los aspectos más importantes que hay que tener en cuenta están en las siguientes preguntas: ¿tu dieta está compuesta fundamentalmente por alimentos vegetales o, por el contrario, de origen animal? ¿Conoces y escoges tu alimentación basándote en la pirámide de los alimentos (una buena variedad de cereales, vegetales, frutas, leche desnatada, pescado, carne magra, aves y legumbres)? ¿Escoges comidas bajas en grasa saturada y azúcar? ¿Vigilas la sal? Si bebes alcohol, ¿lo haces con moderación?

Si haces la mayoría de estas cosas habitualmente, puedes felicitarte. Si no es así, y tu objetivo es perder el peso, deberías incorporar todas estas sugerencias a tus hábitos de alimentación.

Aprende sobre cantidades, calorías y grasa

Para perder peso puedes: a) disminuir la ingesta (calorías, grasas, tamaño de las raciones); b) aumentar el gasto (mediante ejercicio), o c) ambos. Los mejores resultados se producen cuando eliges la tercera opción, ya que recibes un beneficio extra al hacer ejercicio, tal y como explicaremos en el siguiente apartado. Necesitas controlar lo que comes. Por lo menos durante algún tiempo, para determinar la cantidad de calorías que tomas ahora. Existen diversos sistemas que te permiten controlar fácilmente las grasas y las calorías. Pero también lo puedes hacer por ti misma. Para mejorar tu aprendizaje necesitas un cuaderno donde apuntes lo que comes, una guía de calorías (se puede encontrar en cualquier librería), una balanza para pesar alimentos y un juego de tazas para medir.

Ahora, durante un período de tiempo (por ejemplo una «semana típica»), usa estos utensilios para saber cuántas calorías y gramos de grasa consumes. Durante la primera semana, simplemente, apunta lo que comes. La segunda semana pon la atención a las cantidades que consumes. La balanza y las tazas te ayudarán a conocer el tamaño de 100 gramos de carne o la cantidad que es una taza de cereal. La tercera semana apunta las calorías que comes junto con lo que has comido. Usarás la información que has aprendido sobre las cantidades que te sirves para contar con más precisión las calorías que consumes. La cuarta semana calcula la grasa que consumes y compáralo con tu objetivo semanal.

A veces es difícil llevar el control de lo que comes, pero algunas personas dicen que es el único medio que les ayuda a perder peso y mantenerse en el camino que se han trazado.

¿Cómo puedes saber cuántas calorías debes consumir para perder peso a razón de medio kilo a la semana? Existe una fórmula científica que compara tus calorías a tu gasto de energía, pero es un poco compleja para lo que nos proponemos en esta obra. Hay también una manera simple y rápida de conseguir un resultado similar: medio kilo equivale a 3.500 calorías, por tanto, si reduces tu consumo de calorías en 500 por día, perderás medio quilo por semana. Las calorías que quemas haciendo ejercicio contribuyen a reducir el total de calorías quemadas. También debes conocer la cantidad máxima de grasas que puedes consumir al día. Generalmente, no más de un 25% del total de las calorías ingeridas debe venir de grasas, y de éstas sólo el 10% de grasas saturadas y ácidos grasos. Tu límite debe ser el número de calorías consumidas multiplicado por 0,25 y dividido por 9. Tienes más información sobre este tema en Dietary Guidelines for Americans (véase Recursos).

Aunque es posible que parte de esta información ya la conocieras, ahora ya sabes las pautas generales para conseguir un peso saludable y cómo calcular las calorías y las grasas que debes consumir para perder peso. Sigue leyendo para conocer cómo evaluar si tus objetivos sobre ejercicio son razonables.

Crea un plan correcto para hacer ejercicio

Antes de empezar a hacer cualquier programa de ejercicio, debes consultar a tu médico. La actividad física puede ayudarte a perder peso, pero diversas investigaciones nos señalan que el ejercicio regular produce beneficios a la salud además de los que provengan de la pérdida de peso. Hay diferentes tipos de ejercicio: actividades aeróbicas que aumentan la actividad cardíaca y fortalecen el músculo del corazón, como son correr, ir en bicicleta, nadar y andar rápido. Otros ejercicios aumentan la flexibilidad, como los estiramientos y el yoga. Algunos ejercicios aumentan la fuerza del músculo, como son los ejercicios con pesas y los ejercicios isométricos. Las actividades que conllevan resistencia al peso, como caminar, pueden ayudar a fortalecer los huesos.

Los tipos de ejercicio que puedes incorporar en tu vida son interminables. Encuentra actividades que te guste hacer. Caminar es fácil y puede hacerse sin necesidad de un equipo especial. Puedes saber cuánto andas en un día normal mediante un podómetro, que es un pequeño dispositivo que puedes llevar en el cinturón. Cualquier actividad cuenta, así que busca formas para aumentar tu actividad durante el día, como subir escaleras en vez de coger el ascensor o moverte más haciendo tu actividad habitual.

Según el Dietary Guidelines for Americans y los recientes estudios publicados, 30 minutos de actividad física moderada por día es suficiente para tener resultados. Se define actividad moderada como la energía que se necesita para andar 3 kilómetros en 30 minutos. Este ejercicio puede o no puede ser suficiente para perder peso. Si se aumenta la intensidad del ejercicio o el tiempo que se dedica a ello, se gastarán más calorías, se fortalecerán el corazón y los huesos, se reducirá el riesgo de enfermedad cardiovascular, el cáncer de colon y la diabetes tipo 2. Sin embargo, nuevos informes de la National Academy of Sciences sugieren que son necesarios 60 minutos al día para controlar el peso (véase Recursos).

Ahora puedes incorporar estas pautas a tus objetivos de salud para que sean más razonables y factibles. Revisa los objetivos que te marcaste y rehazlos si es necesario. Verifica que tus objetivos encajan en tu plan de vida, son razonables, mesurables y están bien definidos. Recuerda que los objetivos pueden estar planteados para el largo plazo.

¿Por qué te estás saliendo del camino trazado?

Hay muchas razones por las que te puedes desviar de tus objetivos. A continuación exponemos algunas de las más comunes.

Tus acciones no se corresponden con tus objetivos

Cuando tus actos no están en relación con tus objetivos, es muy probable que te alejes del camino trazado. Es útil volver al cuadro inicial y repasar tus prioridades y las razones iniciales por las que escogiste tus objetivos. Vuelve al cuadro de pros y contras del capítulo 1 para que te ayude a reflejar tus actuales prioridades y para que estés preparada para el cambio. Entonces piensa en tu plan de acción global. Los objetivos de salud son muy importantes. Asegúrate de que estás haciendo lo que, a la larga, es mejor para ti.

Tus objetivos no son tuyos

A veces puedes fijarte objetivos que, en realidad, no son tuyos sino que lo haces para satisfacer a otras personas de tu alrededor. El resultado es que creas un resentimiento hacia los otros (o hacia ti misma, si sientes que «puedes» lograrlos). Una forma de expresar tu disgusto es no alcanzar los objetivos que te has propuesto pero, al final, lo que haces es sabotear tu propia salud. Vuelve al principio y piensa claramente qué es lo que quieres hacer. Revisa tus objetivos ya que ellos trabajan para ti.

Te sientes limitada por tus objetivos

Los objetivos deben ayudarte a ser positiva y estar motivada. Si te sientes limitada por ellos, puede ser porque son demasiado duros o irrazonables. Repasa la parte de este capítulo que trata sobre la fijación de buenos objetivos. También es posible que adoptes una actitud de autocomplacencia, aunque va en tu contra. Lee el capítulo 6, donde se explican algunas estrategias para combatir esta tendencia.

Haces demasiado a la vez

Puedes estar muy motivada con tu compromiso con la salud e intentas hacerlo todo a la vez. Resiste la tentación de ser «buena» y darte prisa en hacer todo lo que se sugiere en el libro. Si se aconseja realizar algo durante una semana, simplemente haz eso y no quieras ir más rápido. Recuerda que sólo lograrás llevar a cabo tu plan con objetivos razonables y recorriendo todos los pasos del camino.

Estrategias para seguir el camino trazado

Las siguientes estrategias pueden ayudarte a seguir el camino trazado y lograr tus objetivos:

1. Establece un momento en la semana para repasar tus objetivos.

2. Pon en un lugar visible tus objetivos a corto y largo plazo de forma que los puedas ver diariamente.

3. Programa tus tareas diarias según tus prioridades a largo plazo.

4. Usa sistemas visuales, como un gráfico con tu pérdida de peso, para ir viendo tus progresos.

5. Prémiate por alcanzar metas que te has puesto para conseguir los objetivos.

6. Encuentra fórmulas creativas que te recuerden que la mejora lenta y continuada ganará sobre la rápida y fácil.

7. Lee el resto de los capítulos del libro, que te darán más ideas para mantenerte en el camino trazado para conseguir los objetivos que te has propuesto.

3

¿Tus «agendas ocultas» te impiden conseguir tus objetivos?

Muchos métodos de autoayuda proporcionan un plan mediante el cual puedes conseguir, paso a paso, los objetivos deseados. En estos métodos se asume que mantendrás una actitud constante en el seguimiento de lo que te han dicho que hay que hacer. Desgraciadamente, cuando las personas pierden la dirección, a menudo se preguntan «por qué» como expresión de su frustración, no porque intenten entender las causas que les alejan del camino trazado. «¿Por qué debo seguir esta rutina?», «¿por qué comí esto?, ¿cuál es la razón por la he pasado la tarde sin dar un paseo?». Sencillamente, muchas personas abandonan o vuelven a su plan de acción cuando no están lo suficientemente bien preparadas como para conseguir que no se desvíen del camino marcado.

En ocasiones tienes razones y motivos muy serios para actuar en contra de tus objetivos. A estas razones o motivos los llamamos «agendas ocultas». Una vez conozcas lo que significa la «agenda oculta», en otros capítulos del libro te enseñaremos cómo dirigirla y manejarla.

¿Qué es una «agenda oculta»?

Muchas de las tareas y deberes en tu agenda diaria se identifican fácilmente: recoger a los niños, terminar un informe del trabajo o hacer la cena. Las «agendas ocultas» no están tan claras. Son los motivos y necesidades privados y personales que operan entre bastidores en tu complicada vida. Las «agendas ocultas» nos explican la razón por la que has comido algo por la noche, necesitas ayuda o dejaste de hacer ejercicio durante un par de días.

Las «agendas ocultas», a menudo, provienen de tus necesidades más básicas como pueden ser no tener molestias físicas, evitar sentimientos de ansiedad o desagradables, evitar conflictos con otros o tener coherencia y seguridad en tu vida. Las «agendas ocultas» no son oscuras o destructivas. Pueden estar motivadas por preocupaciones muy reales e importantes para ti. Sin embargo, te causan problemas cuando te llevan a realizar cosas que van en contra de tus objetivos.

¿Por qué la llamamos «agenda oculta»? Porque son situaciones a las que no prestas atención y te alejan del camino que te has trazado. Probablemente tus «agendas ocultas» han estado contigo durante mucho tiempo y se han convertido en hábitos automáticos. Es posible que no prestes atención a tus necesidades personales porque te has centrado en las de los otros, o puede que no seas consciente de tus necesidades ni de tu agenda debido a que no las has reconocido, no has hablado abiertamente de ellas o porque no has creído que las podías controlar eficazmente. La palabra «agenda» se usa para dar énfasis a aquello que queremos resaltar. Las agendas que consideramos más eficaces son aquellas en las que se resalta claramente lo que queremos hacer y la razón por la que queremos hacerlo. Un aspecto fundamental es que tus acciones, incluso cuando son contraproducentes, son comprensibles si conoces los motivos y razones que hay detrás de ellas. No te preocupes, esto no es un psicoanálisis y no debes estar preguntándote por todo lo que haces. Las agendas y las contestaciones que nos interesan son las que pueden estar interfiriendo en tus objetivos de estilo de vida sana. Describir tu «agenda oculta» te ayudará a responder a la frustrante pregunta: «¿Por qué hice eso?».

¿Qué estás haciendo ahora?

Normalmente, se ven los siguientes tipos de «agendas ocultas» cuando las personas actúan en contra de sus objetivos de dieta sana y ejercicio. Una o varias de las agendas pueden aplicarse a tu situación. Las preguntas que hay después de cada ejemplo están para ayudarte a valorar si este es tu caso particular que te impide cambiar.

La necesidad de librarse de un malestar físico

A nadie le gusta sentirse mal. Desgraciadamente, perder peso y hacer ejercicio, a menudo llevan consigo algún tipo de malestar físico. Es habitual sentir hambre cuando haces régimen. Tanto si es un pequeño ruido del estómago como si se siente la punzada del hambre, muchas personas necesitan actuar rápidamente para perder esta sensación. Ciertos regímenes alimenticios se han diseñado para eliminar cualquier sensación de hambre ya que algunas personas se preocupan o temen por ella. El ejercicio también puede producir muchos tipos de malestar físico como el dolor en los pies al correr, la sensación de quemazón en los músculos cuando trabajan duramente, o de los pulmones al realizar respiraciones profundas. Mientras muchas personas sienten una sensación de euforia relacionada con el ejercicio, otras tienen unas sensaciones desagradables y no se dan tiempo para llegar a sentir las sensaciones positivas.

Tienes dos posibilidades: evitar la sensación incómoda del hambre o tener un estilo de vida más sano. Desgraciadamente, puedes decidir actuar evitando la incomodidad física sin considerar el impacto que tendrá en tus objetivos de salud. ¿Comerás de forma impulsiva? Esto elimina el hambre, pero no te permite tomar una decisión más razonada. Ingerir alimentos de forma compulsiva también puede ir en contra de hacer ejercicio ya que es incómodo hacerlo con el estómago lleno y puede provocar calambres. Otras formas de evitar hacer ejercicio pueden ser el decir que lo harás mañana, olvidarte de hacerlo o distraerte con otras actividades.

¿Cuál es la causa por la que actúas rápidamente contra el malestar físico aunque vaya en contra de tus objetivos y lo que crees que es mejor para ti? Una posibilidad se basa en tus pensamientos sobre el malestar. Piensas «tengo hambre», «estoy demasiado cansada», «tengo que hacer algo para que esta sensación desaparezca» o «no lo puedo resistir». Estos pensamientos pueden hacerte creer que debes evitar a toda costa el malestar que sientes aunque comprometas tus objetivos. La velocidad con la que tomas la decisión dificulta que tengas en cuenta tus objetivos de salud y que elijas cómo debes responder.

Las siguientes preguntas te ayudarán a identificar si la necesidad de evitar el malestar físico es una de tus «agendas mentales». Piensa en cada pregunta y busca en tu pasado los hechos que te alejaron del camino trazado.

- ¿Con qué rapidez soluciono mis sensaciones de hambre y cansancio?

- ¿Cómo tolero la sensación de malestar mientras es posible tomar una decisión más meditada?

- ¿Con qué frecuencia me permito resolver un malestar físico de forma inmediata?

- ¿Con qué frecuencia tolero la sensación de malestar para seguir haciendo algo que creo más importante?

Si consideras que evitar el malestar físico es una «agenda oculta» para ti, presta especial atención al capítulo 6, ¿Quieres hacerlo ahora?, y también al capítulo 5, ¿En qué centras la atención?, te ayudarán a fortalecer tu atención y tu control del subconsciente y a resolver eficazmente las distracciones.

La necesidad de alejar las sensaciones molestas

Además del rechazo al malestar físico producido por el cansancio y la sensación de hambre, muchas personas tienen otras sensaciones y sentimientos que no quieren tener, como son la ansiedad, la soledad, la frustración, el fastidio y la tristeza. Tanto si eres consciente como si no, reaccionas ante estos sentimientos y pueden tener un impacto imprevisto en tu plan de ejercicio físico o de tu alimentación.

Estas emociones tienen algo en común: la mayoría de la gente no se siente bien y desearía escoger algo que le hiciera sentir diferente. Los problemas surgen cuando, para escaparte de estos sentimientos negativos, lo haces a expensas de tus objetivos de pérdida de peso y de hacer ejercicio. Tomar un bocado de forma compulsiva o sobrealimentarte te lleva a liberarte temporalmente de sentimientos negativos. El comer da el placer inmediato y crea varias nuevas sensaciones (por ejemplo, olor, sabor, estómago lleno) eso puede alejarte o distraerte los sentimientos negativos. Por desgracia, normalmente vuelven, después de un tiempo, acompañados de sentimientos de culpa y vergüenza. Sin embargo, comer sirve como un alivio inmediato frente a la sensación de malestar.

En general, tenemos razones que hacen comprensibles nuestras emociones. Desgraciadamente, no tenemos la suficiente destreza para actuar frente a las emociones negativas e intentamos eludirlas a toda costa. Puedes haber visto a tus padres hacer todo lo posible para evitar sentimientos negativos como beber alcohol, el rechazo y otro tipo de estrategias. Puedes haber aprendido a utilizar la comida para amoldarte a tus sentimientos. Estas experiencias pueden enseñarte que estas emociones negativas son intolerables, deben resolverse rápidamente y se necesita actuar directamente contra ellas. Desgraciadamente, esta creencia no te da la oportunidad de identificarlas y manejarlas.

Contesta las siguientes preguntas para determinar si ésta es una de tus «agendas ocultas»:

- ¿Con qué frecuencia utilizo la comida para aliviarme y reconfortarme cuando me encuentro mal?

- ¿Intento enfrentarme a los sentimientos incómodos y quiero alejarme de ellos con rapidez?

- ¿Cómo describiría mi habilidad para tolerar las emociones negativas?

- ¿Mi implicación con mis planes de ejercicio y de dieta dependen de mi humor y el estado emocional?

Si esta «agenda oculta» es importante para ti debes prestar una atención especial al capítulo 7, ¿Las emociones están gobernando tu vida? Aprenderás más sobre cómo puedes utilizar la comida para regular tus emociones, y conocerás formas específicas para actuar eficazmente contra las emociones negativas. El capítulo 6, ¿Quieres hacerlo ahora?, te ofrecerá consejo sobre cómo pensar en los momentos incómodos para tomar la mejor decisión.

La necesidad de autonomía

Todos los adultos quieren sentirse como si estuvieran al mando de sus propias vidas. Las decisiones que tomas sobre tu cuerpo y tu salud son tuyas y solamente tuyas. Nadie te puede obligar a hacer lo que no quieres hacer. La realidad es que hay una gran cantidad de influencias externas que afectan a tus decisiones sobre la alimentación y la práctica de ejercicio. Las opiniones de los médicos, la familia, los amigos y los medios de comunicación pueden estar diciéndote lo que deberías hacer. Aprender de lo que han hecho otros es una posición muy inteligente. Sin embargo, si tu plan de ejercicio y de dieta entra en conflicto con tu sensación de autonomía y los ves como un ataque, podemos tener un problema.

Para conseguir el cambio es importante que hagas tuyos los objetivos y el trabajo necesario para su obtención. Si los haces tuyos, tu postura es que tanto los objetivos como los resultados son para ti y tomas la responsabilidad total del trabajo y la decisión de continuar para conseguirlos. Las influencias externas pueden ser eficaces para realizar el cambio en la nutrición o en los hábitos de ejercicio, pero tienes que verificar si existe un sentimiento de rebeldía que pueda sabotear tu esfuerzo para cambiar. ¿Es tu objetivo, tu opción y tu responsabilidad? ¿Te sientes libre para dejarlo en el caso de que lo decidas?

¿Consideras que la participación de otras personas es una intrusión y una amenaza para tu libertad de elección? Si no crees que el objetivo te pertenece, puede ser que ignores la experiencia de otros o, simplemente abandones tus objetivos. O puedes considerar que estás tan influenciada por otros que tengas una reacción de rebeldía, como darte un atracón en secreto. En cualquier caso, sientes una amenaza a tu sentimiento de la libertad y control y respondes de una forma impulsiva y contraproducente. Si esto es así, significa que tienes una «agenda oculta» muy fuerte.

Contesta las siguientes preguntas para determinar si proteger tu autonomía es importante en tu «agenda oculta»:

- ¿Pienso que mi dieta y el ejercicio son algo que debo hacer y no los veo como una elección que he hecho libremente?

- ¿A menudo me siento enfadada y/o resentida con mi plan de acción?

- ¿Sé para quién estoy haciendo esto?

- Cuando tomo decisiones sobre mi alimentación y ejercicio, ¿creo que están influidas por cuestiones de poder y control de otras personas?

Si piensas que tu sentido de la libertad y control está yendo en dirección contraria a tus objetivos de salud, tienes una importante «agenda oculta». El capítulo 1, ¿Estás lista para el cambio?, te será útil para reconocer tus motivos y razones para el cambio. Además, el capítulo 2, ¿Tienes claros tus objetivos y tu plan de acción?, trata sobre la importancia de tener tus propios objetivos, y el capítulo 4, ¿Aceptas la responsabilidad de lo que haces?, dirige tu responsabilidad sobre tus propios objetivos. Finalmente, los temas referentes a conflictos con otras personas pueden ir unidos a tus preocupaciones sobre tu autonomía. El capítulo 9, ¿Quién te ayuda?, te guiará para dirigir los conflictos y las dificultades de poder.

La necesidad de evitar los riesgos de estar más sana

En principio, esta «agenda oculta» parece no tener ningún sentido. ¿Qué tipo de riesgos puedes tener haciendo ejercicio y mejorando tus hábitos de alimentación? Mejorará tu energía y tu cuerpo lo agradecerá. Así, ¿cuál es el problema?

Pueden haber riesgos al estar más sana, dependiendo de cómo veas los resultados y las implicaciones que esto tenga con posterioridad. Por ejemplo, puedes tener dudas y miedo a seguir realizando cambios en tu vida. Como te sientes más fuerte o tienes más confianza, puede ser que quieras participar en un campeonato deportivo, solicitar un trabajo mejor, o intentar aumentar tus relaciones personales. Los nuevos objetivos y desafíos pueden ir acompañados de una ansiedad adicional que se puede relacionar con no estar segura de si los nuevos proyectos son correctos, mientras te expones a un posible fallo o a ser duramente criticada por otros.

Otro riesgo que puedes tener con tu nuevo estilo de vida es que tenga un impacto negativo en otras personas que son importantes para ti. Al obtener éxito en los objetivos de salud que te has marcado puedes chocar con la forma como otras personas te ven y al papel que realizas en la vida. Por ejemplo, alguien puede sentirse amenazado por el ascenso en el trabajo de su cónyuge, y los miembros de la familia pueden estar disconformes con los cambios de responsabilidades en el hogar y de horarios que se deben realizar para adaptarse a las nuevas necesidades. La habilidad con la que afrontes estos conflictos para resolverlos de forma satisfactoria, determinará tu percepción de riesgo.

Un último ejemplo del riesgo que significa estar más sana es que este cambio puede perturbar el deseo de tranquilidad en tu vida. A muchas personas les gusta saber que su vida es tranquila, predecible y fiable. Estar más sana, tener más energía y sentirse más motivada puede representar una pérdida de previsibilidad en tus actos. Para alguna gente, hay una seguridad que proviene de un estilo de vida sedentario: ningún riesgo, no se gana nada... pero tampoco se pierde.

Esta «agenda oculta» se centra en protegerte de los riesgos que pueden ocurrir si te sientes más sana y asumes nuevos cambios y desafíos. ¿Cómo actúas frente a los riesgos percibidos? Robert Leahy (1999) expone que son las mismas estrategias que se utilizan para inhibir los esfuerzos para mejorar y, de esta forma, evitar riesgos y pérdidas potenciales. Estas estrategias incluyen aislarse, aplazar el hacer ejercicio, distraerse con otras actividades y sobrevalorar las molestias físicas. Estas conductas pueden servir para mantenerte controlada y protegida de los riesgos que conlleva un estilo de vida más lleno y activo.

Contesta las siguientes preguntas para ayudarte a determinar si ésta es una «agenda oculta» importante para ti:

- ¿Qué es lo que me preocupa ante la idea de asumir los nuevos desafíos?

- ¿Cómo puede cambiar mi vida si me encuentro más fuerte y más sana?

- ¿Cómo describiría mi capacidad para resolver los potenciales cambios que se produzcan en mi vida?

- ¿Qué importancia tiene para mí la tranquilidad y evitar riesgos?

Si esta «agenda oculta» te golpea, consulta el capítulo 1, Estás lista para el cambio?, donde se analizan las ventajas y desventajas de cambio y tu propia seguridad en ellas. Las estrategias sobre cómo esta mejora influirá en tus relaciones se analiza en el capítulo 9, ¿Quién te ayuda?. El capítulo 8, ¿Cómo actúas ante tus errores?, te será útil si ves errores, retrocesos o posibles críticas hacia los riesgos que hay que evitar.

La necesidad de tener una válvula de escape

Estás muy ocupada todo el día. Dedicas todo tu esfuerzo a tu trabajo, a tu familia y amigos. A lo largo del día distribuyes tu tiempo, energía, responsabilidad y trabajo. Puedes estar dirigiendo todo este esfuerzo hacia todos menos hacia ti misma. Lo que puede suceder es que lleves un modelo de vida en el que ignoras tus deseos y necesidades, y esto crea un sentimiento de vacío y privación. Puedes tener sensación de hambre, cansancio, vacío o de estar gastada pero lo que subyace es la percepción de que no te preocupas de tus propias necesidades. Las personas pueden soportar esta sensación durante un tiempo, pero en algún momento, desean sentir placer, comodidad o permisividad para algo que se convertirá en una prioridad o en una «agenda oculta». ¿Con qué frecuencia revisas cuáles son tus necesidades y deseos personales? ¿Pasas períodos en los que te sientes vacía o con carencias?

Si esta es tu situación, cuando finalmente reaccionas puede ser que te des permiso a ti misma para disfrutar de un premio como, por ejemplo, tener una buena comida o posponer la realización de ejercicio físico. Puedes pensar: «¡Me lo merezco!» o «De vez en cuando puedo darme un homenaje». Nadie dice que no puedas merecer un descanso, pero puede que no sea un regalo. Sientes un alivio temporal pero, a menudo, va seguido de un sentimiento de culpa, pesar o enfado. Lo que necesitas conocer es la importancia que tiene tu sensación de vacío y prestar atención a tus necesidades físicas y emocionales antes de caer en una zona de vacío.

¿Cómo se puede saber la importancia que tiene en ti esta sensación de vacío? Una cosa que puedes hacer es pensar en ti misma y en lo que los otros hacen por ti cuando tienes la tentación de darte un homenaje.

Algunas personas que desde su niñez no se han preocupado por sus necesidades emocionales, pueden tener un sentimiento muy arraigado de que no conseguirán lo que necesitan en este mundo. Si esta forma de pensar se basa en sentimientos recientes o crónicos de privarte de lo que quieres, tu «agenda oculta» puede proporcionarte rápidamente algún alivio. Desgraciadamente, darte un placer comiendo o aplazar la realización de ejercicio son regalos efímeros que van en sentido opuesto a tus objetivos a largo plazo en materia de salud.

Contesta las siguientes preguntas para identificar si evitar esta sensación de vacío es una importante «agenda oculta» tuya:

- ¿Consigo equilibrar mis necesidades personales con las de los otros?

- ¿Siento que he abandonado mis necesidades?

- ¿A menudo me siento agotada antes de apartarme del camino para obtener mis objetivos?

- ¿Una forma de darme algo a mi misma es comer impulsivamente?

- ¿Con qué frecuencia me siento como si estuviera corriendo hacia el vacío?

Si esta «agenda oculta» parece que expone tus propias experiencias en referencia a alejarte de tus objetivos, estarás interesada en la importancia de darte a ti misma lo que se explica en el capítulo 10, ¿Sabes cómo conseguir que las buenas costumbres formen parte de tu vida? Como los problemas de sentirte vacío se relacionan con las expectativas que tienes sobre ti misma, revisa el capítulo 9, ¿Quién te ayuda? Finalmente, el capítulo 6,

¿Quieres hacerlo ahora? te ayudará a desarrollar tu habilidad para tardar en darte gratificaciones y dirigirlas hacia lo que está directamente relacionado con tus necesidades.

La necesidad de evitar conflictos

Para algunas personas es importantísimo evitar conflictos, no tener malos recuerdos o no estar enfadadas con alguien. Esto puede afectar a las relaciones con los más próximos, a la capacidad para rehacerse después de un problema y a la satisfacción en el trabajo. Además, puede ser una «agenda oculta» que desbarate los planes de alimentación y de hacer ejercicio. Para muchas personas, comer y hacer ejercicio no se puede realizar en solitario. La comida la preparan otras personas o se come con otros, las comidas se planean y se compran pensando en otras personas, y el ejercicio se realiza teniendo en cuenta las responsabilidades familiares. Si una de tus máximas prioridades es la necesidad de agradar a los demás evitando cualquier crítica o mal recuerdo, tienes el riesgo de acomodarte a los otros en contra de tus objetivos personales. Por ejemplo, tus deseos pasan a un segundo lugar con tal de no ofender al cocinero, pospones el hacer ejercicio para ayudar a alguien o cedes cuando una amiga te pide que tomes un postre con ella.

¿Piensas que haces un gran esfuerzo para agradar o prevenir cualquier problema con otros? El conflicto es una parte peliaguda en muchas relaciones y es bastante posible que hablar de él en este libro te sirva de ayuda para otras áreas de tu vida. Dedicar un gran esfuerzo en ser agradable a los otros evitando la crítica e intentando no molestar a nadie puede dificultar la realización de tus planes sobre alimentación y práctica de ejercicio. Contesta las preguntas siguientes que te ayudarán a identificar si evitar conflictos es una «agenda oculta» que te impide conseguir tus objetivos:

- ¿Dejo de hacer ejercicio por pasar el rato o ayudar a otros?

- ¿Con qué frecuencia mis decisiones sobre la comida están influenciadas por otros?

- ¿Estoy molesta cuando otras personas no aprueban mis hábitos de salud?

- ¿Cómo me anticipo a la crítica de otras personas o a los conflictos que puedan surgir?

Si tus contestaciones indican que esta es una de tus «agendas ocultas», revisa los capítulos 5 y 9, ¿En qué centras tu atención? y ¿Quién te ayuda? ya que son para ti. Además, puedes refrescar lo referente a la responsabilidad sobre ti misma que se analiza en el capítulo 4, ¿Aceptas la responsabilidad de lo que haces?

¿Cómo puedes tener más éxito?

Para controlar las «agendas ocultas» con éxito, en primer lugar debes identificarlas y actuar. Las estrategias para actuar eficazmente se exponen en posteriores capítulos.

Identifica tus particulares «agendas ocultas»

La llave que te permite abrir esta barrera es reconocer las razones particulares y los motivos para alejarte de tu plan de acción. Un factor esencial para poderlo realizar es acercarte a este problema con calma, con una actitud crítica y objetiva. Si te enfadas, te aburres o bajas la guardia, lo único que conseguirás es dificultar más la comprensión de las causas por las que te alejas de tu objetivo.

Si tienes dificultades para identificar tus «agendas ocultas» o las razones subyacentes que te alejan del objetivo a pesar de tus esfuerzos, hazte las siguientes preguntas:

1. ¿Qué es lo que continuamente hago que va en contra de mis objetivos de ejercicio y dieta?

2. ¿Qué beneficio obtengo si me alejo de los objetivos que me he marcado?

3. ¿Qué función o propósito tienen estas conductas para mí?

4. ¿Qué siento cuando me alejo de estas conductas?

5. ¿Qué es lo que me preocupa para no prestar atención a mis objetivos de salud?

Actúa ante tus «agendas ocultas»

Una vez has identificado tus «agendas ocultas» debes «desocultarlas», sacarlas a la luz. Las «agendas ocultas» necesitan estar ocultas para sobrevivir. Si se identifican y se comprenden, tus recursos para entender, razonar y resolver problemas actuarán frente a ellas. Y eso es lo que tienes que hacer. Para ser más consciente de ellas y conocerlas con mayor profundidad, aprovecha las oportunidades que tienes para reconocerlas y recordar que existen. No te enfades contigo misma, simplemente da marcha atrás y define tu «agenda oculta». Reconoce con tranquilidad que es probable que vuelva a surgir, pero la próxima vez lo descubrirás y la ocultación habrá terminado.

Además, conocer tus «agendas ocultas», es fundamental para saber cómo respondes ante ellas y cómo te consiguen alejar de tus objetivos de dieta y práctica de ejercicio. Normalmente, tu respuesta ha satisfecho o, de alguna forma, ha calmado tu agenda. Tus respuestas tienen un efecto valioso que refuerza la conexión entre ellas y la agenda. Debes ser muy consciente de las respuestas que te alejan del plan de acción y ver claramente la conexión entre dichas respuestas y la agenda.

Sé consciente de qué está pasando

Será muy útil saber lo que pasa cuando tienes una «agenda oculta». ¿Cómo reconoces que va a empezar una tormenta? Se levanta el viento, las nubes ocultan el sol, los animales se mueven buscando refugio y el olor de lluvia está en el aire. Estas pistas nos sugieren que algo va a pasar y tendríamos que ponernos a cubierto. Los siguientes apartados te ayudarán a reconocer que algo está pasando y que la «agenda oculta» se va a poner en marcha.

Pensamientos e imágenes

¿En qué piensas antes de alejarte del camino trazado? Algunos pensamientos te ayudan a descubrir que la agenda está cerca. «No puedo hacerlo» y «estoy demasiado cansada» son señales inequívocas de que estás cerca de hacer algo que va en contra de tus objetivos en materia de salud.

Emociones y sensaciones

¿Cuál es tu sentimiento cuando te alejas del plan trazado a causa de tu «agenda oculta»? Muchas «agendas ocultas» están relacionadas con la idea de evitar emociones incómodas o dolorosas. Puedes usar estas emociones y sensaciones como una señal de que vas a utilizar tu «agenda oculta». Las mariposas en el estómago son una demostración de miedo o ansiedad, y sentir la punzada del hambre de madrugada puede ser una señal para prepararte a realizar un gran esfuerzo para mantenerte en el camino trazado.

Situaciones y circunstancias

¿Qué es lo que sucede cuando actúas de forma contraria a tus objetivos sobre la dieta y hacer ejercicio? ¿Estás sola o con algunas personas, en casa? ¿Sucede siempre a la misma hora? Para muchos, la noche es el momento más difícil para mantenerse firme. Piensa en las ocasiones en que atenriormente te alejaste de los objetivos e identifica los factores comunes.

Tus pensamientos, sentimientos, las circunstancias que te rodean y las respuestas que has ido dando son signos valiosos para dirigir tu atención a las «agendas ocultas». Tienes que conocer muy bien lo que pasa cuando entran en acción tus «agendas ocultas» ya que, de esta forma, puedes reconocerlas bien y actuar en consecuencia.

¿Por qué te alejas de tu camino?

La primera causa por la que te alejas del camino trazado es no reconocer que las «agendas ocultas» están actuando y son las que te hacen ir en contra de tus objetivos. Muchas personas desconocen su existencia y los motivos por los cuales les alejan del camino. Esperamos que este capítulo haya empezado a resolver tu problema.

Otra explicación de por qué no estás atenta a tus «agendas ocultas» es que quieres evitar los sentimientos molestos que van asociados a ellas. Pensar que «agendas ocultas» como pueden ser los sentimientos incómodos, los riesgos de estar más sana, las amenazas a la autonomía, son incómodos en sí mismos. Puedes sentirte insegura e incluso agobiada por lo que debas hacer. Puedes considerar tu «agenda oculta» como un fallo o como una señal de actuar erróneamente. Es muy común sentirse frustrada cuando las respuestas no aparecen rápido o fácilmente.

Recuerda, si fuera simple y fácil reconocer las «agendas ocultas», no las llamaríamos así. Se han desarrollado por alguna razón y no desaparecerán de la noche a la mañana. Es necesario sacarlas a la luz repetidamente y dirigirlas con eficacia. Como los capítulos de este libro están escritos para ayudarte a seguir el camino que te has trazado para conseguir tus objetivos de salud, también puedes aplicarlos para actuar con tus «agendas ocultas».

Las estrategias para mantenerte en el camino

Las siguientes estrategias te serán útiles para mantenerte en el camino y reconocer las «agendas ocultas».

Controla tus emociones negativas

Muchas de las «agendas ocultas» tienen asociado un sentimiento de malestar. Es importante mantener cualquier emoción negativa en un nivel tolerable o manejable. El capítulo 7 te enseñará estrategias específicas para controlar tus emociones.

Actúa de forma directa contra tu «agenda oculta»

Muchos de los capítulos de este libro están escritos para ayudarte a actuar directamente frente a tus «agendas ocultas». Sé optimista y recuerda que tienes los recursos necesarios y puedes aprender a tratar eficazmente estas agendas no escritas.

No te olvides de lo que has aprendido

Una vez entiendas tus «agendas ocultas», no te olvides de ellas o pretendas que no existen. Ha sido demasiado difícil identificarlas. Las siguientes sugerencias te ayudarán a conservar lo aprendido.

Anótalo

Memoriza tus pensamientos, sentimientos y las situaciones en las que has actuado frente a una «agenda oculta». No hace falta que lleves un diario o escribas extensamente sobre el tema. Haz descripciones breves sobre lo que crees que está relacionado directamente con la «agenda oculta». Cuanta más información escribas, más consciente y conocedora serás de tus «agendas ocultas».

Utiliza recordatorios visuales

Como ya hemos dicho, tus «agendas ocultas» y todo lo que se relaciona con ellas, están muy arraigadas. Los recordatorios visuales pueden ser muy útiles para reconocerlos y tenerlos en cuenta. En cualquier lugar o situación que pueda aparecer una agenda debes situar notas, señales o cualquier método creativo que te ayude.

Díselo a alguien

Escoge un amigo, un familiar o cualquiera que pienses que pueda ayudarte, no tiene que hacer nada más que escucharte e intentar ofrecernos algún estímulo. Hablando a esta persona de tu «agenda oculta», lo que haces es sacarla a la luz, enviarte un mensaje en el que dices que no tienes que avergonzarte de ello u ocultarlo, sino que es un problema que debes plantearte directa y abiertamente.

4

¿Aceptas la responsabilidad de lo que haces?

Responsabilidad. ¿Es algo más que un consejo paterno de cuando éramos niños? En cierto modo, sí. El principio de responsabilidad que aplicas a muchas cosas de tu vida debes aplicarlo en lo referente a tu dieta y a la práctica de ejercicio. Una barrera oculta para alcanzar tus objetivos es no reconocer o desviar la responsabilidad en estos temas. Si asumes eficazmente la responsabilidad de tus decisiones, serás tú quien dirija los movimientos hacia tus objetivos.

¿Quién asume la responsabilidad de tus opciones?

Las elecciones que hagas determinarán la consecución de los objetivos de pérdida de peso y de ejercicio. Tanto si quieres perder 10 kilos de peso variando tus hábitos de alimentación como si quieres perder 90 por medio de la cirugía, tienes diversas opciones para seguir el camino que te has trazado para conseguir tus objetivos. Y por cada acción que escoges, hay una serie de alternativas que no eliges. La premisa fundamental de este capítulo es que reconozcas y aceptes que, casi siempre, has escogido aquello que haces. Tanto si lo reconoces como si no, eres responsable de todo lo que has decidido hacer y de cómo manejas sus consecuencias. Cuando sabes asumir responsabilidades, lo haces sin tener en cuenta el resultado y nadie te lo reprocha. En el caso que nos ocupa, asumes el máximo control sobre el éxito en la consecución de tus objetivos de pérdida de peso y de la práctica de ejercicio.

A lo largo del día se te presentan muchas opciones para conseguir los objetivos. Normalmente, junto con la opción de seguir el plan trazado, se te presenta una alternativa. Algunas de tus opciones están bastante claras: ¿Pides bistec o pollo a la plancha?, ¿vas al gimnasio o directamente de casa al trabajo? Lo bueno es que puedes decidir y determinar lo que harás. Lo malo es que si te arrepientes de la opción tomada, no puedes culpar a nadie más que a ti. Cada vez que escoges una posibilidad reafirmas que el trabajo es tuyo y que la responsabilidad recae sobre tus hombros.

En otros momentos no está tan clara la elección pero, aun así, es importante. Tus acciones pueden ser tan rápidas o tomadas de una forma automática que olvidas la posibilidad que tienes de elegir, por ejemplo: cuando a última hora de la noche, escoges tomar un último bocado, es probable que no lo hayas hecho de forma consciente; ¿cuándo decidiste comer todo lo que hay en el plato? Puedes sentirte frustrada porque tienes la costumbre de ignorar el despertador por la mañana y no tienes tiempo para realizar el ejercicio que te has fijado. En ese caso, ¿reconoces que ha sido decisión tuya apagar la alarma del despertador? De la misma manera que la ignorancia de la ley no te exime de cumplirla, nadie piensa que no estás escogiendo cada acción que decides realizar.

¿Por qué es tan importante que asumas la responsabilidad de tus elecciones para lograr tus objetivos? Primero, *es necesario que alguien esté en el asiento del conductor*. Siempre habrá alternativas tentadoras, cambios inesperados y desafíos en contra de tu plan de acción. Tendrás el control sobre lo que escojas o la dirección que tomes si tienes la responsabilidad. En segundo lugar, *el éxito requerirá la repetición frecuente de tus nuevos hábitos*. Tu sentido de la responsabilidad se acrecentará con la repetición y la reafirmación. Cuanto más responsablemente escojas tus opciones, es más probable que estas nuevas conductas se conviertan en un hábito duradero. En tercer lugar, *conseguirás fuerza, confianza y estarás orgullosa de asumir la responsabilidad*. ¿Recuerdas la frase: fuerza frente a la adversidad? Ser responsable no es un camino fácil. Requiere conocerse a sí misma, disciplina para superar distracciones tentadoras, excusas o la tendencia a salirse del atolladero. Cuando tomas la responsabilidad, te envías el mensaje de que estás al mando y que puedes dirigir todas las opciones que se te presentan, especialmente las difíciles. Y por último, *no aceptarás la excusa de que no tienes opciones*. Si tomas la responsabilidad de tus decisiones, no creerás que no tienes ninguna opción, que las cosas «simplemente, han pasado». Esta es una perspectiva peligrosa. Si actúas como si no tuvieras elección o responsabilidad, tus objetivos están a merced de influencias externas.

¿Significa que todo es culpa tuya?

Rotundamente no. No confundas tomar toda la responsabilidad con culparte del resultado de tus esfuerzos. Por ejemplo, normalmente tienes una jornada laboral larga, debes meter a los niños en la cama y te encuentras exhausta a las 9.30 de la noche. No puedes escoger hacer ejercicio por la noche. Los desafíos para que no puedas seguir el camino que te has trazado como son otras prioridades, deseos, cansancio o tensión son muy reales y tendrán un impacto en el proceso. Además, hay otros factores, como la predisposición genética, las hormonas, una enfermedad o la familia, que también tienen su impacto en el intento de cambiar tus hábitos de salud y ejercicio. Sin embargo, la influencia de estos factores no disminuye tu responsabilidad. De hecho, la asumes porque otras influencias te están afectando. Toma la responsabilidad de lo que propiamente te afecta y no te culpes por lo que no puedes controlar. Y estáte atenta a la diferencia.

¿Cómo lo haces ahora?

¿Qué grado de responsabilidad estás tomando de las opciones y acciones que afectan a tus objetivos sobre la salud? Puede parecer una pregunta dura, sobre todo porque tenemos la tendencia a considerarnos adultos responsables. Sin embargo, lo que aquí intentamos es tener una imagen clara de ti.

Lee las siguientes frases y comprueba cuáles son las que mejor te describen:

☐ A menudo actúo con el piloto automático y no siento que realmente controle mi dieta y mis hábitos de ejercicio.

☐ Pueden pasar días antes de que me pare a pensar la razón por la que me he apartado de mis propósitos.

☐ Rápidamente reconozco que he dejado de llevar los hábitos de alimentación y ejercicio que me he propuesto, pero normalmente lo hago después de que haya pasado mucho tiempo.

☐ Tengo tendencia a atribuir mis errores y mis parones a lo ocupada que estoy y a otros factores y circunstancias.

☐ Si pienso que hay un riesgo para que no se cumplan mis objetivos, no me adelanto haciendo ajustes necesarios para que esto no sea así.

☐ Cuando como de más o dejo de hacer ejercicio, a menudo encuentro justificaciones de lo que estoy haciendo.

☐ Creo que soy mucho más responsable con las necesidades de otros que con las mías propias.

Si alguna de estas frases te describen, lo mejor será que trabajes para solucionarlo. Además de contestar las anteriores preguntas, puedes conocer más sobre ti misma viendo las acciones y elecciones que has hecho y que te han apartado de tu plan de acción. ¿De forma consciente decidiste no hacer ejercicio?, ¿cómo es que te has tomado una segunda ración?, ¿cómo te has desviado de la elección que hiciste? Puedes aprender mucho sobre lo que pasa actualmente por tu cabeza viendo las elecciones que hiciste y que, luego, has dejado de lado.

¿Cómo puedes tener más éxito?

Una forma de asumir la responsabilidad sobre tus opciones es decirte simplemente: «Sé responsable. Tengo esta opción y depende de mí». Este recordatorio rápido va derecho al corazón y puede que sea lo único que necesitas. Esta sección te ofrece información adicional y estrategias para asumir la responsabilidad con éxito.

Desarrolla una manera de pensar positiva sobre la responsabilidad

Un factor importante para que tomes, de forma correcta, la responsabilidad es lo que piensas y lo que crees sobre hacerlo. Mientras que todos podemos decir que la responsabilidad es importante, lo que necesitas es tener tus propias creencias sobre la responsabilidad de tus opciones. Una manera de pensar positiva lleva unida: 1) la importancia de ejercer el control de tus opciones y acciones; 2) la importancia de tu confianza en ti misma y de tu independencia, y 3) el impacto del éxito de tus objetivos. Escribe una lista con tus propias opiniones sobre la responsabilidad, incorporando todo lo anterior.

A continuación encontrarás ejemplos que puedes adaptar a tu caso particular:

- En el pasado, cuando he aceptado la responsabilidad sobre algunas elecciones, me ha ayudado a conseguir los objetivos.

- Quiero que mis hijos conozcan la importancia de decidir sus propias opciones.

- Casi siempre que sigo el plan que me he trazado, a la larga me encuentro mejor.

- Me gusta saber que puedo confiar en mí misma para conseguir lo que es importante para mí.

- No me gusta cuando otros desvían la responsabilidad, y no quiero hacerlo yo también.

- En la vida hay muchas cosas que no puedo controlar, pero puedo controlar lo que quiero hacer.

- Cuando era niña, sentía la responsabilidad como algo que debía hacer. Ahora realmente es una parte de lo que es bueno para mí.

- Ser responsable significa ser dueña de lo que pasa en mi vida; tengo el control sobre mí misma.

Usa estas opiniones y crea las tuyas propias sobre la responsabilidad de las opciones que tomas. Las opiniones deben ser positivas y sonarte verdaderas. No te moverás por un pensamiento positivo que parezca superficial o ingenuo. Busca información que apoye esta opinión. La experiencia pasada, la lógica y el sentido común podrán confirmarte lo que piensas sobre la responsabilidad.

Detecta todas las ocasiones en que debes elegir

Como hemos dicho anteriormente, en ocasiones está muy claro que estás eligiendo entre varias opciones y en otras ocasiones no. Tienes que aprender a reconocerlas porque las que te darán más problemas son más difíciles de detectar. En las épocas en que te encuentras falta de energía, cansada y con mucha tensión, probablemente serán épocas de alto riesgo en las que tendrás dificultad para prestar atención a las diferentes posibilidades que se te presentan. Las siguientes situaciones te mostrarán diferentes momentos del día en los que deberás escoger: cuando estás estresada en el trabajo y sabes que no has almorzado; cuando estás aburrida y cansada por la noche piensas en tomarte algo; o cuando ha terminado tu programa favorito de televisión y te quedas viendo los anuncios antes del siguiente programa, en vez de apagar el aparato.

Estas situaciones ilustran cómo tus días están llenos de momentos en los que puedes o no puedes decidir lo que ocurrirá más tarde. Puedes usar una rápida justificación o ir con el piloto automático a hacer lo que es más fácil o tienes menos resistencia. Asumir la responsabilidad significa que te paras y analizas estos momentos y el impacto que puedan tener en tu plan de acción.

Usa los siguientes pasos para reconocer estos momentos en los que debes utilizar tu responsabilidad:

Paso 1: Párate y atrapa el momento

Cuando reconozcas que debes hacer una elección y que las acciones subsiguientes tendrán repercusión en tus objetivos, mentalmente dí: «¡Párate!». La «parada» sirve para resaltar que tienes que tomar una decisión. También para interrumpir cualquier acto automático que te permitiría ignorar u olvidar esta posibilidad de decidir.

Paso 2: Reconoce y describe lo que pasa

Ya te has dado cuenta de la situación, ahora tienes que entender lo que está pasando y cuál es tu responsabilidad sobre ti misma. Identifica claramente lo que, por norma, haces actualmente y por qué razón lo haces. Después identifica las opciones que tienes. Recuerda que tienes tus objetivos y puedes escoger la posibilidad que te ayude más. No te permitas alejarte del objetivo.

Paso 3: Escoge y actúa en consecuencia

Cada responsabilidad tiene opciones diferentes. Por ejemplo: continua comiendo o busca una solución alternativa para tu aburrimiento, deja de hacer ejercicio u oblígate a un horario específico para hacerlo y come algo cuando te sientas tensa o usa otras estrategias de relajación. Puede que algunas opciones no sean fáciles de llevar a la práctica, pero te harán sentirte bien a la larga. Así adquieres confianza y resistencia.

Una vez que conozcas qué forma de actuar es la mejor, debes ponerla en práctica lo más rápidamente posible. Si la aplazas o tardas en ejecutarla, puedes dar una oportunidad a que vuelvan tus viejos y tradicionales hábitos. Puedes encontrar útil conocer lo que haces. Esto significa que sabes lo que harás si actúas con el piloto automático y evitarás la tentación de caer en ello.

Aprende a partir de la opción que elegiste

¿Cómo resultó? Analizando el pasado sabrás si la opción fue buena. Con cada nueva situación tienes la oportunidad de fortalecer tu sentido de la responsabilidad y de desarrollar tu autocontrol y tu capacidad de decisión.

Reconoce tu responsabilidad en los malos momentos

Sé concreta y específica cuando identifiques qué es lo que hacías mal. No hagas definiciones generales o vagas como: «lo dejé escapar» o »era perezosa». Probablemente te crearán una sensación de malestar. No reduzcas o minimices lo que hiciste mal y que contribuyó a tener malos resultados, pero tampoco debes exagerar esas acciones. Es preferible ser más concreta planteándote instrucciones más específicas como: «la próxima vez que tenga una comida de trabajo será en un restaurante diferente».

Identifica tu responsabilidad en los buenos momentos

Algunas personas tienen la costumbre de analizar lo que han hecho mal pero no valoran su contribución a los éxitos que han tenido en la consecución de sus objetivos. Sé concreta y específica cuando identifiques lo que has hecho bien. Analiza lo que has hecho bien y pierde un momento para sentirte orgullosa de ello y piensa que puedes hacerlo nuevamente en el futuro.

Haz planes concretos

Es fácil olvidarse de las experiencias pasadas sin tener en cuenta lo que has aprendido. Busca tiempo para poner en práctica, lo más pronto posible, lo que has aprendido. Haz planes específicos de cómo lo harás.

Acepta la responsabilidad sobre otros problemas o asuntos

Tal como reflejas en tus acciones y elecciones, te puedes dar cuenta de que hay otros problemas que están interfiriendo en la consecución de tus objetivos. En otros capítulos se habla de ellos, son las emociones difíciles de controlar y los conflictos con otras personas. Es probable que el problema no desaparezca por sí mismo. Toma tu tiempo para ver cuál es la mejor forma de enfrentarte a él y para saber qué otros recursos o ayudas pueden serte útiles.

Valora el desafío

A la mayor parte de la gente no le gusta pensar sobre si es «irresponsable». Lo más probable es que seas irresponsable con las cosas que sólo te afectan a ti. Puedes ser muy responsable en casa, en el trabajo, con tu familia, pero fallas contigo misma. Esto no quiere decir que seas irresponsable ni que seas perezosa o que no te cuides. Asumir la responsabilidad de todos tus actos necesita tiempo, energía y persistencia. Además, como se discutirá en la próxima sección, a menudo hay problemas importantes que te están dificultando seguir la línea que te has marcado. Respétate a ti misma y a los retos a los que te enfrentas.

¿Por qué te estás alejando del camino?

Además de ser consciente de tus momentos de elección, es importante que lo seas de las ocasiones en las que no asumes tu responsabilidad. Actuando de una forma más consciente, podrás saber lo que estás haciendo y conducirte por el camino que te has trazado. A continuación detallamos una serie de factores que contribuyen a que te alejes de tu plan de acción.

No reconoces los momentos en los que debes actuar responsablemente

Para algunos es muy fácil salirse del camino que se han trazado porque no tienen la costumbre de analizar las opciones que se presentan a lo largo del día. Identificar estos momentos es una habilidad que, a menudo, debe ser practicada e identificada. Puedes haber desarrollado la costumbre de actuar de manera consciente, no automática. Si ese es tu caso, puede ser que debas admitir que tienes la costumbre de perder la oportunidad de elegir y debes trabajar duro para adquirirla de nuevo.

Te sientes tensa y cansada

A menudo, si te encuentras tensa y cansada comes o realizas otros actos que te alejan de tus objetivos. Como se explica en el capítulo 7, comer puede ser una forma de aliviar estas sensaciones. La toma de decisiones necesita esfuerzo y energía, y puede que no te sientas capaz en los momentos de moral baja. No utilices el cansancio y la tensión como una excusa sino como un desafío que requiere un esfuerzo extra.

Culpas a otras personas o circunstancias

Podemos ser muy creativos en la forma que desviamos la responsabilidad de nosotros mismos. Puede ser que te molestes con la persona que te ha ofrecido una comida apetitosa o que te animó a que te dieras un respiro. Puedes culpar a tu trabajo, al tiempo que dedicas a los niños o a otras actividades el hecho de que no realices ejercicio de forma regular. Es importante conocer el impacto que tienen otros factores, pero no los utilices como excusa para no cumplir con tus responsabilidades.

Crees que no controlas lo que pasa

Algunas personas no piensan que están controlando lo que pasa en sus vidas. Si les suceden cosas buenas, piensan que se debe a la buena suerte o a otros. Si son malas piensan que es cosa del destino o de factores circunstanciales. Si no crees que tú puedes ser determinante en las cosas que pasan en tu vida, tendrás dificultades en asumir la responsabilidad sobre tus propias acciones y elecciones. Es fundamental para conseguir un cambio a largo plazo que desarrolles la idea de que puedes controlar y decidir lo que pasa contigo.

La responsabilidad te hace sentir mal

Es bastante difícil asumir responsabilidades, depende de tu forma de pensar y sentir sobre ellas. Si piensas que asumir una responsabilidad es una tarea, restringe tu libertad o es una parte de tu trabajo y no lo ves como un aspecto de tu madurez, es probable que lo evites. Y si cuando eliges una mala opción sientes vergüenza, turbación o enfado, puede ser que la responsabilidad sea demasiado incómoda. Asumir una responsabilidad también puede ser una tarea solitaria: depende únicamente de ti. Sin embargo, no debe hacerte sentir inferior o aislarte de otros. Si asumir responsabilidades lo percibes como demasiado malo, consulta el capítulo 8, ¿Cómo actúas ante tus errores? y el capítulo 3, ¿Tus agendas ocultas te impiden conseguir tus objetivos?

Date un descanso

Puede ser que creas que eludir tu responsabilidad es bueno para ti. Después de todo, asumir responsabilidades toma tiempo, energía y atención, y puede ser molesto. Erróneamente puedes pensar que no necesitas hacer nada más y que debes darte un descanso. Nadie te mira, es el momento. Desgraciadamente, este «regalo» momentáneo, normalmente, no lo es. A la larga, te hace sentir menos eficaz y te aleja del logro de tus objetivos. Además, un descanso puede reforzar la idea de que eres una persona frágil e incapaz de asumir tu responsabilidad.

Asumes demasiadas responsabilidades

Tú sólo tienes tiempo, energía y esfuerzo disponible para ser responsable. ¿Cómo diriges tus recursos? Si se te enseñó o animó a que dieses prioridad a las necesidades y expectativas de los demás, puedes tener dificultades para atender a lo que sólo te afecta a ti. Si no has aprendido a valorar la responsabilidad que tienes sobre ti misma o no tienes la costumbre de hacerlo, es importante que encuentres el punto de equilibrio entre tus responsabilidades contigo y con los demás.

La historia de Henry

Henry era el mayor de cuatro hermanos que pertenecían a la clase media de mi ciudad. Su madre dirigía un restaurante y su padre era vendedor de automóviles. A menudo trabajaban hasta muy tarde y Henry tenía una considerable responsabilidad sobre sus hermanos más pequeños. Estaba muy orgulloso de cómo ayudaba a su familia, pero no tenía mucho tiempo para sus amigos ni para las actividades de después del colegio.

Ya mayor, Henry se describía como un buen padre de familia. La mantenía, la quería mucho y pasaba casi todo su tiempo libre con ella. Henry admitiría que no se sentía muy contento y estaba frustrado por los 25 kilos de más que tenía. Esporádicamente intentaba perderlos, pero no lo hizo de forma continuada.

Después de analizar sus opciones y acciones a lo largo del día, Henry comprendió que, a menudo, actuaba de manera automática. Siempre que tenía que hacer una elección pensaba en lo que querían sus familiares, sus clientes o sus compañeros de trabajo. Nunca pensó en lo que estaba haciendo como, por ejemplo, el tiempo y la forma que ayudaba a otros, lo que comería, si daría un paseo o cómo pasar su tiempo libre. Cuando comía de más pensaba que era uno de los pocos placeres que tenía.

Henry se dio cuenta de que había olvidado las cosas que quería para él. Además de perder peso quiso tener más amigos y tener una afición. Empezó actuando frente a sus reacciones automáticas y se dio cuenta de las posibilidades que se le presentaban durante el día. Después de un tiempo, asumió la responsabilidad de elegir entre ayudar a otros o dedicar más atención a su plan para perder peso. Cuando asumió la responsabilidad de perder peso, notó que controlaba sus otros objetivos. Cada vez que quiere perder un poco más de peso, lo pierde y también consigue otras cosas que desea en la vida.

Las estrategias para mantenerse en el camino trazado

Mientras más sepas sobre cómo te alejas del camino trazado asumiendo la responsabilidad de tus elecciones, más querrás saber sobre lo que te hace seguir el plan trazado. Considera las sugerencias siguientes e intenta la que parezca pertinente en tu situación.

Es asunto tuyo

No hay dos caminos para esto, es tu vida, y tu salud y felicidad dependen de ti. Esto puede, en ocasiones, agobiarte, pero sientes un gran control. Sólo tú estás al cargo. Revisa tus opciones y acciones objetivamente y con calma. Tanto si el resultado es bueno como si es malo, sabes que debes intensificar la asunción de responsabilidades. Usa notas u otras formas de recordatorios visuales como ayuda.

Practica cuando es difícil

Cuanto más grande es el reto, más se necesita practicar y fortificar las habilidades. Mantén la atención sobre tus elecciones, sobre todo cuando estás cansada, al final de un largo día de trabajo o cuando te encuentres estresada. O actúa directamente cuando veas que te vas a alejar de la responsabilidad que has escogido. La mayor gratificación se da cuando el desafío es mayor.

Sé una gran entrenadora

Las dos primeras sugerencias requieren tener disciplina y hacer cosas que realmente no quieres hacer. Una parte del trabajo de un buen entrenador es conseguir que hagas aquello que no quieres hacer. Pero es muy estimulante y motivador. Asegúrate de que te estás dando órdenes firmes y disciplinadas, pero al mismo tiempo motivadoras. Mezcla dosis de humor y rigurosidad para asegurarte de que querrás quedarte con esta entrenadora.

Hazte un favor

Como hemos dicho en un apartado anterior sobre la forma de pensar positiva de la responsabilidad, es importante prestar atención a todo lo que hace desparecer las barreras ocultas. Es posible que consideres la responsabilidad como algo odioso y restrictivo. De hecho, asumir la responsabilidad sobre todas tus elecciones y acciones es el método más seguro para que consigas tus metas. Además, ten en cuenta el impacto positivo que puede tener para tu autoestima y confianza. Actuar de forma responsable en lo que respecta a tus nuevas conductas de salud es un favor y un regalo que te haces a ti misma. Acostúmbrate a pensar de esta forma.

Practica el sentido de la responsabilidad en otras áreas

La responsabilidad, tal como se presenta en este capítulo, no se limita a tus objetivos de salud. De hecho, el hábito de asumir tus responsabilidades también tendrá impacto en otras facetas de tu vida. Utiliza esta fórmula en el trabajo, en tus relaciones con otros y en tus otras metas personales. Cuanto más eficaz seas asumiendo la responsabilidad de tus elecciones, más fuerte será este comportamiento en todas las áreas de tu vida.

Controla otros problemas complementarios

En este apartado nos hemos referido a varios problemas que pueden dificultar la solución como, por ejemplo, ser demasiado responsable de otros, culpar a otros, sentir vergüenza o estar baja de moral. La comida también puede asociarse con una necesidad de controlar algo de tu vida. ¿Sientes que no controlas tus relaciones personales o tu trabajo? Necesitas saber cómo pueden afectar estos problemas a tu progreso y debes responsabilizarte de controlarlos eficazmente. Si necesitas ayuda externa, búscala. Los problemas no desaparecen mágicamente y pueden interferir con frecuencia en el logro de tus objetivos.

5

¿En qué centras tu atención?

Si eres como la mayoría de las personas, te enfrentas a muchos desafíos, que incluyen interrupciones no programadas, temas urgentes a fecha fija, responsabilidades diarias y ocasionales trastornos provenientes de un mundo incierto. En medio de estas situaciones, no es fácil centrarte en tu estilo de vida y planes de acción, y esta es una de las habilidades más importantes que necesitas para lograr la pérdida de peso y hacer ejercicio. Una barrera oculta puede ser la causa por la que te es tan difícil mantener la atención. Pero ¿cómo puedes centrarte con todo lo que tienes en tu vida? En este capítulo, aprenderás a desarrollar una habilidad consistente en centrar la atención en aquellas actividades que te ayudarán más. Aprenderás lo que tienes que hacer cuando te sientas distraída o sin objetivos, cuando hayas perdido la dirección o cuando no sepas cómo llevar a cabo tus planes.

¿En qué te centras?

Centrarte en tus objetivos y en tu plan de acción significa que tienes la capacidad de concentrar tu atención y tus esfuerzos en lo que es más importante para ti. Puede ayudarte el pensar en dos componentes diferentes: el enfoque de tu atención y el enfoque de tu motivación.

El foco de atención se refiere a cómo te centras en un único tema cada vez y en cómo te centras en las estrategias de tu plan de acción. El foco de atención en una tarea es la concentración momentánea que necesitas para realizar un proyecto que requiere tu atención, como puede ser ordenar un menú, escoger un tentempié que sea saludable o seguir el plan de ejercicios diario. Si tu atención es buena, te concentrarás totalmente hasta que el trabajo se haya terminado. Si te falta atención, cualquier cosa te distraerá y dejarás de hacer lo que estás haciendo para dedicarte a ella. El foco de atención en la planificación de tus estrategias está relacionado con la forma que planificas y realizas tu plan de acción en el contexto de tu vida. Cuando tienes un foco de atención en materia de salud entre tus estrategias, eres consciente de tus prioridades y actúas de acuerdo a ellas. Sientes que controlas tus hábitos y tu foco de atención es a largo plazo.

Los focos de motivación se refieren al deseo de conseguir los objetivos. Su inexistencia se expresa con pensamientos como: «Justamente, lo que no deseo es hacer ejercicio». Normalmente tendrás períodos en los que tus focos de motivación serán poco intensos, pero debes tenerlos aunque sea a un nivel mínimo para continuar con las acciones.

Si te falta uno o más de los componentes, no debes preocuparte. Cada uno de los componentes es una habilidad que puedes desarrollar y fortalecer. No exageres la importancia de centrarte en tus objetivos y en tu estrategia. Enfoques que pueden ser incorrectos pueden girar de forma que se convierta en una oportunidad para lograr tus objetivos. Para seguir el camino que te has trazado es vital aprender a centrar los objetivos. Si aprendes y practicas las estrategias que se presentan en este capítulo conseguirás centrarte más en el estilo de vida y objetivos que consideras importantes.

¿Cómo lo estás haciendo?

Si no estás segura de tener un problema para centrarte, lee las siguientes frases y verifica cuáles son las que te describen mejor.

☐ Generalmente puedo concentrarme en una cosa cada vez.

☐ El deseo que tengo de conseguir mis objetivos es fuerte y constante.

☐ Una de mis prioridades más importantes es lograr mis objetivos sobre mi estilo de vida.

☐ Constantemente tengo presentes mis prioridades.

☐ Utilizo estrategias que me ayudan a mantenerme centrada en mis objetivos.

☐ Me distraigo fácilmente con otras cosas que tengo que hacer.

☐ Mis pensamientos vagan cuando intento pensar en una sola cosa.

☐ Mi motivación sobre la dieta y hacer ejercicio sube y baja.

☐ A veces me olvido de los objetivos y estrategias para conseguirlos.

☐ Tengo problemas para mantener un estilo de vida sano.

Si te definen las cinco primeras frases, no estás lo suficientemente centrada. Si consigues centrarte, probablemente podrás conseguir tus objetivos de vida sana. Si las frases que mejor te describen son las cinco últimas, debes centrar más tu atención y esto te ayudará a mantenerte en el camino para conseguir tus objetivos.

¿Estás consiguiendo centrarte?

Otras personas aseguran que te estás centrando. La cuestión es si eres consciente de ello. Piensa durante un minuto en lo que has hecho en las últimas 24 horas y analiza en qué te estás centrando. Lo más seguro es que puedas hacer este repaso fácilmente: trabajar, dormir, preparar la comida, cuidar de los niños. ¿De verdad te centraste en estas tareas o tu mente vagó pensando en otras cosas, por ejemplo, en lo siguiente que tienes que hacer? ¿Cuánta atención dedicaste a encontrar tu estilo de vida sana con respecto a otras actividades que realizas a lo largo del día?

Saber si para ti es un problema centrarte y conocer qué es lo que reclama tu atención, te ayudará a identificar los momentos en los que dirigirás y sistematizarás los problemas que impiden que te centres. Ahora estás preparada para saber más sobre cómo conseguir que te centres.

¿Cómo puedes tener más éxito?

Para tener éxito necesitas conocer algunas estrategias que aumentan tu capacidad para centrarte. Los ejercicios que van a continuación te ayudarán a desarrollar tu habilidad para concentrarte en los objetivos.

Reconoce cuándo te falta atención

Mientras más conozcas sobre las ocasiones en las que eres vulnerable, mejor. Piensa en la última vez que fuiste consciente de no haberte centrado en tus metas y plan de acción. ¿Qué es lo que hacías? ¿En qué pensabas

cuando te distrajiste de lo que debías hacer? Algunas personas tienen señales de alarma que les avisan de su pérdida de atención. Piensa en las
sensaciones que tienes cuando te das cuenta de que te está pasando esto.
¿Estás inquieta? ¿Notas un nudo en el estómago? Analiza tu motivación
global cuando pierdes la atención. ¿Te faltan las ganas de conseguir tus
objetivos? Normalmente, ¿cómo actúas cuando te das cuenta de que te
distraes? En este momento es muy importante tu conocimiento sobre ti
misma. Cada persona es única y, por tanto, tiene diferentes momentos y
ocasiones en las que es más vulnerable para alejarse de su camino. Mientras más sepas sobre cómo y cuándo pierdes la atención, mejor será para
aplicar las estrategias que te sugerimos a continuación.

Aprende a fijar tu atención

«El enfoque consciente» significa ser consciente de lo que está pasando
en cada momento. La expresión «enfoque consciente» proviene de la meditación consciente, que es la práctica de meditación y conocimiento que
popularizó Jon Kabat-Zinn (1990). El constante fluir de pensamientos e
imágenes en tu mente puede alejarte de un mayor conocimiento de tu realidad personal y de lo que te está pasando ahora. Intenta cerrar los ojos y
poner la mente en blanco durante 5 minutos. ¿Cuánto tiempo ha pasado
desde que cerraste los ojos y empezaste a pensar nuevamente? A menudo,
cuando tratas de poner la mente en blanco, se mueve como un mono sal-
tando de árbol en árbol, piensas sobre lo que tendrías que estar haciendo
y en otras cosas que son irrelevantes, como que te has olvidado de apagar
el microondas. Cuando no consigues relajarte y empiezas a preguntarte si
no se estará quemando la cocina, te dices: «No puedo estar aquí perdiendo el tiempo, mi casa se puede estar quemando». Otro truco de tu mente
cuando intentas relajarte es recordarte continuamente todo lo que tienes
que hacer. Tanto si es urgente como si no, tu mente te intentará convencer
de que no tienes tiempo para perder en meditaciones y en centrar tu atención en algo. La sensación de urgencia, junto con la tendencia a saltar de
un pensamiento a otro, te impide centrarte en problemas más importantes que están apareciendo en tu vida. Puede que pensamientos intrascen-
dentes te impidan pensar sobre un matrimonio infeliz, unas relaciones ro-
tas o un sentimiento de fracaso.

El «enfoque consciente» significa sintonizar con lo que te está pasando
en este momento. Eres consciente de todas tus sensaciones físicas y emo-

cionales, así como de todo lo que te rodea. Puedes centrar tu atención en las emociones más profundas, como la tristeza, el miedo o los sentimientos de indignidad. También puedes ser consciente de tu alegría o satisfacción. Si puedes reconocer en cada momento lo que te está pasando y vivir con ello de una forma abierta y sin juzgarlo, tendrás una vida más plena. Un beneficio secundario del «enfoque consciente» es que, al estar concentrada en lo que sucede en ese momento, no dispersarás la atención en pensamientos y acciones extraños. Tendrás más tiempo para centrarlo en lo que actualmente estás haciendo. Generalmente para desarrollar el enfoque consciente necesitas practicar la respiración profunda y la meditación. Puedes empezar a practicar ahora mismo dejando de hacer lo que haces, cerrando los ojos y respirando profundamente. Tus exhalaciones deben ser dos veces más largas que las inhalaciones. Espera un minuto antes de pensar en nada, no juzgues y estate abierta. Si los pensamientos te apartan de la meditación, reconoce cuándo vienen y céntrate en tu respiración.

Aunque conseguir centrar la atención en tus meditaciones no es uno de tus objetivos, si adquieres esta habilidad comprenderás mejor lo que te pasa en cada momento. Mediante este ejercicio conocerás qué pensamientos distraen tu atención, motivación o tus acciones. Te sentirás más capacitada para manejar mejor los temas que te distraen y esto te permitirá acercarte más al plan que has previsto para alcanzar el éxito.

Controla eficazmente tus responsabilidades

Las múltiples ocupaciones que tenemos nos obligan a hacer juegos malabares con nuestras responsabilidades. Esto es fundamental para que puedas realizar todas tus actividades cotidianas de manera eficiente. Para controlar tus responsabilidades de forma eficaz debes:

- Conocer y practicar la gestión del tiempo.
- Planificar tus prioridades.
- Desarrollar la habilidad de decir «no» (y practicarla).
- Conseguir el equilibrio entre tus necesidades y las de otros.
- Aprender a delegar responsabilidades.

Es fundamental conseguir la gestión del tiempo para concentrarte. Cuando tienes demasiado que hacer, puedes tener dificultades para identificar qué actividades merecen tu atención. La mayor parte de la gente piensa que no tiene suficiente tiempo. Hyrum W. Smith (1994), experto en planificación del tiempo, lo expresa de esta manera: cada individuo recibe un cheque diario de 24 horas. Se deben gastar los 86.400 segundos recibidos. Por lo tanto, cada persona tiene tiempo y, además, todos tenemos la misma cantidad. La falta de tiempo no es el problema. La diferencia es cómo lo gastas. Revisa tu capacidad para la gestión del tiempo de acuerdo con tus valores y prioridades y deja que determinen tu atención en tus objetivos a corto y largo plazo. Las actividades diarias deben emprenderse en función de estos valores y objetivos.

Aunque es crucial tu planificación y priorización de objetivos, también necesitas que tu entorno te ayude a conseguir tus prioridades. Prepara las cosas para que tengas que pensar lo mínimo posible en los temas rutinarios. Un ejemplo es hacer una lista de alimentos sanos que quieres tener siempre en casa. Inclúyelos en tu lista de la compra y agrega los artículos adicionales en la medida que los necesites.

Si te centras en las prioridades y las revisas regularmente podrás distinguir las ocasiones en las que debes decir «sí» y cuándo debes decir «no, gracias». Si la pregunta es una actividad voluntaria o una comida tentadora que no está en línea con tus objetivos y estrategias, debes decir «no, gracias». Recuerda que debes gastar tu tiempo prudentemente.

A menudo se señala que las responsabilidades familiares y los niños dificultan la consecución de los objetivos sobre un estilo de vida sano. Piensa de manera creativa y, por todos los medios, involucra a tu familia para que te ayude a conseguir un equilibrio entre tus necesidades y las suyas. Si crees que debes llevar a casa alimentos poco saludables ya que, en caso contrario, tus hijos no comerían, piensa en la educación que les estás dando sobre cómo mantener la salud. Crea un proyecto familiar para encontrar una alimentación sabrosa y saludable. Si, cuando los niños vuelven de la escuela, la vida es demasiado complicada para que puedas hacer ejercicio, involucra a tus hijos y busca un tiempo para hacer ejercicio en familia.

Aprender a delegar responsabilidades también te ayudará a centrarte. Realiza una lista de cosas en las cuales los niños puedan ayudar. Incluso los más pequeños pueden ayudar recogiendo sus juguetes. Al mismo tiempo que les enseñas a asumir sus propias responsabilidades, estarás recortando tiempo para dedicarlo a tus objetivos sobre un estilo de vida más sano.

Si organizas los aspectos prácticos de tu vida te ayudarás a controlar mejor las responsabilidades y, en cierto modo, podrás centrarte más.

Haz un cuadro de tus metas

Una manera de mejorar la concentración es hacer un cuadro de tus metas, que puedes utilizar siempre que desees reforzar tus objetivos y el plan que te has trazado para conseguirlo. Primero escribe de forma detallada los kilos que deseas perder y tus objetivos en materia de ejercicio. Incluye en el cuadro todas tus sensaciones (cómo piensas y sientes, lo que ves en tu entorno, lo que otras personas te dicen, etcétera). Escribe o dibuja lo que te gustaría alcanzar con referencia a tu pérdida de peso y plan de ejercicio. En segundo lugar, haz una tabla donde expongas tus estrategias para alcanzar tus objetivos. Descríbete a ti misma mostrando una perfecta motivación con respecto a tus objetivos. Obsérvate cuando no estás de humor y eliges comidas sanas en situaciones en las que eres más vulnerable. Guarda lo que has escrito o ponlo en un lugar donde diariamente puedas verlo. Revísalo mentalmente hasta que lo veas como factible. Cuanto más lo repases más fácil será centrarte en él.

Hazlo de forma gradual

Cuando estás perdiendo la atención en tus objetivos y en los medios para conseguirlos utiliza el siguiente proceso para mejorar tu concentración:

Paso 1: Sintoniza

Usa el enfoque atento para sintonizar cuando notas que estás perdiendo la atención en tus objetivos. Analiza qué sientes. Si aíslas lo que te está pasando en ese momento, te guiará en tus decisiones.

Paso 2: Sopesa tus prioridades y urgencias

El segundo paso consiste en sopesar qué hay que hacer teniendo en cuenta tus prioridades y la urgencia en actuar. El primer paso te revelará los elementos de distracción. Puedes reconocer lo que está pasando contigo y volver a centrarte en estrategias. Hay veces que necesitas ralentizar o parar tus planes de una alimentación sana o de hacer ejercicio porque hay

algo prioritario. Puedes hacer una de estas tres cosas: a) da nuevas prioridades a tus actividades actuales, b) recuerda que debes volver a centrarte
en tu objetivo o c) escoge y lleva a cabo alguna de las propuestas que se
dan en este capítulo para reforzar la capacidad para centrarte. A veces el
enfoque consciente te revelará agendas ocultas o emociones que probablemente se resolverían si dedicaras un poco de tiempo. Simplemente, reconocer tus sentimientos, ya sean de tristeza o de temor, puede ser suficiente
para disiparlos y permitir que te centres en las estrategias para conseguir
los objetivos. También puede ser que necesites más tiempo para pensar en
tus emociones, agendas ocultas y otras causas que te alejan del camino trazado y que se presentan en otros capítulos del libro. Para decidir si dejas
de estar centrada en las estrategias que te has marcado o si vas a continuar
con ellas, debes sopesar tus acciones contra las prioridades y la urgencia
de cada una de ellas.

Por ejemplo, supón que una amiga te llama dándote malas noticias sobre su salud. Te alteras y te disgustas. No te lo puedes quitar de la cabeza y
terminar tu trabajo. Aunque habías pensado ir al gimnasio después del
trabajo, no te sientes con ánimos como para seguir tu rutina habitual. Tienes ganas de irte a la cama. Sin embargo, detectas un sentimiento de in-
quietud y de ansiedad. Te permites sentir de lleno el impacto que te han
producido las malas noticias de tu amiga. Ahora puedes decidir si mantienes tu plan o lo cambias. Como piensas las posibles opciones, decides que
harás ejercicio ya que, de esta forma, liberarás tu ansiedad y podrás ayudar mejor a tu amiga. Has puesto en marcha la capacidad de realizar un
enfoque atento y has sopesado tus prioridades. Si te hubieras dejado llevar por la situación en la que te encontrabas, no habrías ayudado a tu amiga y te habrías apartado del camino que te has marcado.

Paso 3: Ajusta tu estrategia al tipo de enfoque

A veces diferentes tipos de enfoques necesitan estrategias distintas.
Para mejorar tu enfoque de atención, practica el enfoque atento. Recuerda que debes adoptar una actitud abierta sobre lo que está pasando en
cada momento. Si encuentras que hay temas urgentes o emociones que te
presionan, dirige tu atención hacia ellos sólo si son prioritarios y, después,
vuelve a tus objetivos y a tu plan de acción. No te culpes por descentrarte,
anímate a volver a tus prioridades.

Para conseguir un enfoque que te motive, ensaya situaciones que se re-
suelvan satisfactoriamente de forma que lleguen a convertirse en una se-

gunda naturaleza. Utiliza estas situaciones cuando falle tu concentración y estés desmotivada. Si tienes una falta grave de motivación, repasa el cuadro de pros y contras del capítulo 1. Además, repasa regularmente tus objetivos y tu plan de acción para asegurarte de que satisfacen tus necesidades reales. Escribe una lista de motivaciones positivas por las que estás intentando conseguir una buena salud y ponla en un lugar visible. Si te es útil, pide a tu familia y amigos que te den su apoyo.

Mejorar el enfoque de tus acciones significa poner atención en lo que haces. Recuerda que cada acción cuenta. Si algo te parece complicado, divídelo en pequeñas partes y empieza con una de ellas. Una acción genera otra acción, así, si das un paso en la dirección correcta para conseguir tus objetivos, te resultará más fácil dar nuevos pasos. Intenta hacer algo de forma absolutamente consciente. Anticípate y planea con anterioridad tus estrategias para cuando sea difícil llevarlas a cabo. Apóyate en tu familia para ayudarte y delega cuando sea posible. Finalmente, no olvides premiarte por haber actuado de la mejor forma posible para tus intereses.

La historia de David

David era un ejecutivo de una empresa de marketing. Trabajaba muchas horas. Junto con su esposa, Patty, decidieron que ella trabajaría media jornada mientras sus hijos no fueran a la escuela. Desde que empezó a trabajar, hacía diez años, había ganado 25 kilos de peso; lo atribuía a la necesidad de llevar a cenar a sus clientes. Cuando se hizo la revisión médica anual, comprobó que tenía la tensión alta y decidió perder peso y aumentar el ejercicio que hacía diariamente. Pero habían dificultades.

Primero vio que no era posible ir al gimnasio después del trabajo. Siempre tenía más trabajo del que podía acabar y se sentía frustrado si se iba del trabajo más temprano. Y Patty esperaba que llegara a casa a las ocho las noches que no tenía que cenar con los clientes, para que la ayudara con los niños. No funcionó la idea de ir al gimnasio después de cenar y acostar a los niños porque se encontraba demasiado cansado. Y para colmo de males, no tenía ni idea de cómo cambiar su alimentación cuando tenía una comida o una cena con clientes.

David vio que tenía problemas con su motivación y con el enfoque de su atención. Aunque se sentía agobiado, decidió que todas las mañanas pasaría los primeros quince minutos del día esforzándose en mejorar su motivación. Este pequeño acto le fue recompensado después de un par de semanas de dedicar 15 minutos diarios a revisar cómo cambiar su dieta y la necesidad de hacer ejercicio ya que, al final, comprendió que, para él, era muy importante reducir la tensión arterial y prevenir una enfermedad cardíaca. Después de unas semanas, se planteó unas metas razonables y un plan de acción inicial. En lugar de ir al gimnasio, aumentó sus actividades físicas con pequeños actos, como aparcar el coche a cierta distancia de la oficina. Esto hizo que cada día caminara 45 minutos.

Para aumentar su atención, decidió pasar 15 minutos por la mañana practicando el enfoque atento. Gracias a ser disciplinado en ello, utilizó el enfoque atento para aprender a estar a la altura de las circunstancias y a relajarse cuando se sentía tenso. Esta técnica le ayudo a conocer mejor qué diferentes posibilidades tenía con respecto a la dieta. Pronto se sintió seguro escogiendo comidas bajas en calorías y cenas de un solo plato. Le costó un tiempo mantener estos nuevos hábitos, pero se dio cuenta de que la clave para el éxito era centrarse diariamente en sus objetivos.

¿Por qué te estás alejando del camino?

Si tienes un problema con las estrategias que se presentan en este capítulo, vuelve atrás y evalúa qué situaciones están impidiendo que tengas resultados.

Las responsabilidades agobiantes

Una de las causas por las que puedes tener problemas es que estás agobiada por tus responsabilidades. Si piensas que esta es la razón, tendrías que hacer una revisión completa de tus prioridades y de tu capacidad para gestionar el tiempo. Si piensas que no puedes perder el tiempo evaluando la lista de prioridades y revisándolo, a lo mejor es que es demasiado larga. Puede que tengas dificultades en decir «no». O sentirte agobiada es una forma de distraerte de temas más importantes. A lo mejor te sientes recompensada sintiéndote demasiado responsable de los sucesos y actividades de tu vida. ¿Te premias por tener demasiadas responsabilidades? Si eres muy responsable te sientes muy valiosa para otras personas. Puede que te agobies para probarte que eres responsable de tu familia. Sentirte agobiada es una manera de impedir que te centres en temas más dolorosos como el fracaso de tu matrimonio. Pregúntate qué ganas con sentirte agobiada.

Falta de energía

La pérdida de la concentración puede provenir de una falta de energía o de cansancio. Aunque parezca paradójico, moviéndote más puedes aumentar tu energía. Cuando sientas cierto malestar, da un paseo, haz algún ejercicio, cambia los ambientes que frecuentas durante un pequeño período de tiempo. Un tiempo corto de realización puede ayudarte a mejorar la percepción y aumentar la capacidad de concentración. Cuando estés falta de energía debido a tus emociones, como tener baja la moral o sentirte deprimida, intenta usar las técnicas del enfoque atento o las del capítulo 7.

Las ansias de comer

A veces, la necesidad de tomar uno de tus platos favoritos puede oscurecer tus esfuerzos en centrarte en una alimentación sana. Cuando uno de tus platos favoritos sea sano, ¡sé indulgente contigo! Pero lo más probable es que sean altos en grasas y en calorías. Si sientes ansias por tomar estas comidas, analiza atentamente si estás deseando satisfacer otro deseo a través de la comida. Las ansias de comer pueden ser una forma de distraer tu mente de otras cosas. Si tus ansias de comer no pasan y empiezas a sentirte mal, come una pequeña cantidad o busca un sustituto que sea sano. Por ejemplo, el deseo de tomar chocolate puede, a menudo, sustituirse por otros alimentos bajos en grasas como postres bajos en calorías y grasas o leche caliente con cacao.

No puedes relajarte

A veces sientes que tienes tanto que hacer que no puedes relajarte, pero es importante hacerlo para mejorar la atención. Hay personas que se creen físicamente incapaces de relajarse. Existe la creencia de que si te relajas, no conseguirás nada. En realidad, la ansiedad te proporciona una energía que podrías usar para lograr los objetivos que te has propuesto.

Cuando te sientas demasiado ansiosa para relajarte, respira profundamente. Después de todo, no importa dónde estés ni lo que hagas; tienes que respirar. Así que también puedes respirar profundamente desde el diafragma. ¿Todavía no te convences? Piensa en esto: es fisiológicamente imposible respirar profundamente, desde el diafragma, y encontrarte en un estado alto de ansiedad. Luego trata de pensar en una única cosa. Puede que para ello necesites centrarte poco a poco. Pronto notarás que, a medida que va remitiendo tu ansiedad, puedes concentrarte.

Las estrategias para seguir el camino trazado

Para seguir el camino que te has trazado para la consecución de tus objetivos y llevar a cabo el plan de acción, prueba las siguientes estrategias.

Devánate los sesos con tu familia y amigos

Pide a tu familia y amigos que te ayuden a ser creativa para resolver los problemas prácticos que se te presentan para mantener tu concentración. Devánate los sesos con ellos y pídeles que te den todas las ideas que se les ocurran. Una vez hecho, evalúa cuáles de estas ideas te servirán.

Prueba nuevas técnicas, incluso cuando creas que no las necesitas

Cuanto menos creas en las técnicas que se presentan en este capítulo, más te ayudarán. No pienses en ello, sólo hazlo. Te sorprenderá cómo volverás a concentrarte.

Sigue practicando el enfoque atento

Mantener el conocimiento que tienes es difícil y requiere práctica. Pero serás recompensada de diferentes formas si aprendes a prestar atención a tu experiencia actual.

Intenta experimentar tus pensamientos y tus sentimientos

A veces estar atenta a lo que sucede significa experimentar un impacto total de tus emociones. Cuando éstas son negativas o causan ansiedad es difícil centrarse totalmente en ellas. Sin embargo, si aprendes a hacerlo podrás centrarte mejor en aquello que te lleva a conseguir tus objetivos y tu plan de acción.

6

¿Quieres hacerlo ahora?

La sociedad actual es impaciente. No quiere esperar por ningún motivo. Nos estamos acostumbrando a las comidas rápidas y a realizar gestiones por Internet. Así, cuando volvemos a casa o a nuestros hábitos de alimentación, es normal que seamos indulgentes con nosotros mismos. ¿Por qué no lo tienes que ser? La satisfacción, preferentemente de inmediato, está a la orden del día. El problema, naturalmente, es que la satisfacción al instante tiene su contrapartida. Y esto puede no ser lo mejor para ti. Una incapacidad para dejar de actuar como debes, y hacerlo ahora mismo, es una de las razones que pueden alejarte de tus objetivos. Una de las barreras mentales para alcanzar tus objetivos es actuar de forma repetida dándote satisfacciones momentáneas. La estrategia fundamental de este capítulo es ayudarte a cambiar tu «debo tenerlo ahora», a aprender a practicar la paciencia. Es muy duro el hecho de que no puedes alcanzar tus objetivos y, al mismo tiempo no ser indulgente para con tus deseos. Si la lectura de este párrafo te hace sentir incómoda y moverte en tu asiento, o decirte a ti misma: «¿Están hablando de mí?», por favor, continua leyendo. Este capítulo sobre la paciencia está dedicado a ti.

¿Qué significa practicar la paciencia?

Practicar la paciencia es lo que aprenderás para saber con exactitud cuáles son los momentos en los que debes pensar en lo que quieres y transformarlos en oportunidades para actuar a favor de tu interés a largo plazo. Si practicas la paciencia en pequeñas cosas, a lo largo del tiempo tendrás grandes resultados. Es actuar en tu propio interés no importa sobre qué tema. ¿Significa que nunca podré satisfacer mis deseos? ¡Rotundamente no! Significa satisfacerlos de forma que no sean perjudiciales para ti.

Es importante que practiques la paciencia porque te ayudará a actuar a favor de tus verdaderas necesidades. Lo más importante es que cuando aprendas a practicar la paciencia, cada vez te interesarán menos las cosas que no te llevan a conseguir los objetivos. Por ejemplo, dejarás de tomar un postre con la sensación de que realmente no lo quieres o encontrarás que hacer una vida sedentaria cada vez es menos satisfactorio para ti. ¿Te lo puedes imaginar? Es verdad. Cuando comprendas que no hay necesidades urgentes y empieces a practicar la paciencia, ejercerás el control sobre tu vida y al final te proporcionará satisfacción y éxito.

¿Qué haces ahora?

Si no tienes claro si una de las razones que te alejan de tus objetivos es conseguir una satisfacción al instante, lee las siguientes frases y comprueba cuál de ellas te describe mejor.

- ☐ Si quiero algo, generalmente me lo permito.

- ☐ No esperaré mucho tiempo para conseguir algo que quiero.

- ☐ Si yo quiero hacer algo, lo quiero ya.

- ☐ Me permito hábitos no saludables sin pensar en ello.

- ☐ Esperar es una tortura.

- ☐ Me paro cuando noto que voy a ir en contra de mis planes.

- ☐ Puedo esperar para conseguir lo que quiero.

- ☐ He conseguido un gran objetivo dando pequeños pasos.

- ☐ Un paso lento y firme encaja en mi estilo de vida.

- ☐ Generalmente comparo mis acciones con mis intereses globales.

Si las últimas cinco frases son las que mejor te describen, la necesidad de satisfacer tus deseos de forma inmediata no es una de las razones por las que te alejas de tus objetivos. Sin embargo, si las que te definen mejor son las cinco primeras, aprender a practicar la paciencia te ayudará a conseguir tus metas.

¿Cómo puedo tener más éxito?

Las siguientes estrategias pueden ayudarte a aumentar tu paciencia en el proceso de perder peso y hacer ejercicio.

Cambia tu forma de pensar

Lo fundamental de la paciencia es pensar: «no quiero tenerlo ahora mismo». Con esta afirmación, puedes calmar tus impulsos, involucrarte en otras acciones y seguir el camino que te has trazado para conseguir los objetivos a largo plazo. Para adquirir paciencia debes rechazar pensamientos como: «no puedo esperar» o «tengo que tenerlo ahora». Es esencial desafiar o detener estos pensamientos para practicar paciencia. A continuación se describen diferentes formas que podrían cambiar tu forma de pensar.

Prohíbe las reglas

Si impulsivamente te atraen los hábitos de alimentación pobres o un estilo de vida sedentario, eres como las personas que dicen haber visto alucinaciones. ¿Que dicen que las vieron? Exacto. Las mayores alucinaciones que puedas imaginar. De forma similar, adivina qué pasa cuando dices «no puedo comer esto» o «debo hacer ejercicio» Una parte de ti se rebela y secretamente dice: «¿Ah sí? No sólo puedo comer esto sino que voy a hacerlo». Y te dices a ti misma que bajo ningún concepto harás ejercicio hoy. Después de todo, te mereces un descanso.

Lo que percibes es que hay que seguir unas reglas. Aunque fuiste tú quien las impusiste por tu propio interés, las percibes como si las hubiera dictado otra persona. Lo que está pasando aquí es que percibes que hay reglas que debes seguir. Es como si hubieras vuelto a tu adolescencia y tu padre te estuviera diciendo lo que tienes que hacer. De repente percibes los objetivos y las estrategias del plan de acción que creaste como si te los hubieran impuesto contra tu voluntad.

La mejor manera de calmar esta rebeldía es suprimir las reglas. De todas formas, no funcionan. Hay evidencias más que suficientes para demostrar que no es útil poner barreras ante los «alimentos malos». Puedes tener algo. Tienes el control total de lo que comes y de las calorías que gastas. Naturalmente, tienes que aceptar las consecuencias que se derivan de tus propias opciones. ¿Puedes tener cualquier cosa cuando quieras y la cantidad que quieras? Evidentemente... si aceptas las consecuencias. Si eres creativa y te sientes comprometida, puedes satisfacer tus deseos y conseguir el estilo de vida que te has propuesto. Si quieres comerte un donut, cómetelo. Simplemente uno, no te comas dos o tres. Cuenta las calorías o los gramos de grasa y ajusta el resto de la alimentación o aumenta el ejercicio. De forma alternativa, busca algo más sano que lo supla, como pan integral. Si te da miedo suprimir todas las «reglas» que tienes para lograr un estilo de vida saludable, prueba las ideas que se exponen en este capítulo. Muchas personas piensan que la necesidad de «tener algo ya» disminuye cuando se olvidan de la lista de alimentos permitidos y prohibidos.

Utiliza tus propios éxitos

Alguna vez en tu vida has logrado algo importante a partir de ir dando pequeños pasos. Quizá perdiste peso o estableciste un programa de ejercicio. O completaste un proyecto o un programa educativo a partir de realizar pequeños pasos. Utiliza tus éxitos para preguntarte qué es lo que te ayudó a mantener tu motivación y cuándo tuviste tentaciones de conseguir unas satisfacciones momentáneas. ¿Qué te ayudó a terminar un proyecto en lugar de mirar la televisión? ¿Cómo evitaste en el pasado las satisfacciones instantáneas? ¿Qué técnicas te ayudaron a centrarte en tu máximo objetivo en situaciones donde tuviste la tentación de ir en contra de tu propio interés? Quizá pediste ayuda a otras personas. O utilizaste técnicas de visualización como imaginar cómo sería alcanzar tu objetivo o lo que sentirías si no hicieras ejercicio o si te comieras tres donuts. Haz una lista de lo que te ha ayudado en el pasado. Puedes utilizar las técnicas de la tormenta de cerebros ante situaciones en las que quieres actuar antes de pensar.

Ajusta el paso

A veces la decisión de actuar firmemente para obtener éxito va unida a la imagen de un cambio rápido en el entorno, moviéndote a la velocidad del rayo, con un incremento de la presión se consigue un progreso cada vez mayor hacia los objetivos. Los cambios de situación rápidos en la dirección deseada producen una rápida satisfacción. Sin embargo, el éxito en el cambio de los hábitos o costumbres significa ser paciente, ir paso a paso. El padre de Lynette, coautora del libro, explica dos métodos de recoger fríjoles en la granja familiar al sudeste de los Estados Unidos. Su padre proponía competir con sus hijos para ver quién era el más rápido en recolectar una hilera de fríjoles. Cada niño se colocaba al inicio de una hilera y, con mucha energía, intentaba ir lo más rápido posible para ganar la carrera, pero lo único que conseguía era fatigarse y jadear a mitad de la hilera. Por el contrario, su padre iba despacio, deliberadamente con paso firme. Siempre ganaba a sus hijos. Decía que él llevaba una «prisa lenta».

¿Cuál era la diferencia entre el padre y sus hijos? Los niños tenían expectativas de ganar. Ellos bombearon adrenalina para ganar. Pensaban de forma más drástica. Tenían que darse prisa para ganar a su padre. Sus cuerpos respondieron a los mensajes que se estaban dando. Su padre, por el contrario, no reaccionó de esta manera. No tenía prisa. Se movió a paso lento y firme, seguro de que llegaría al final. ¿Cuál de estas formas de actuar te define, como si necesitaras una rápida satisfacción?, ¿qué piensas cuando eliges ser paciente y acercarte firmemente a tu meta?

No es fácil ajustar el ritmo de vida, pero probablemente sería útil. Aunque no lo puedas ajustar aun cuando eres incapaz de hacer el máximo ajuste del ritmo de vida de cara al exterior, puedes ajustar tu ritmo de vida interno a una «prisa lenta». Un paso firme, pausado, con una sensación de urgencia tranquila que te ayudará a evitar actos impulsivos. Puedes empezar ajustando tu ritmo interno para desarrollar un enfoque atento, tal y como se ha expuesto en el capítulo 5. Si reduces la velocidad de tu constante charla interior, probablemente te será más difícil responder a los impulsos que te piden una satisfacción inmediata.

Haz las paces con tu pasado

A veces, la tendencia a darte una satisfacción inmediata proviene de experiencias anteriores. Si te premiaste a través de la comida o aprendiste a controlar tus emociones comiendo, tu tendencia a comer de forma impulsiva puede ser mayor que si no hubieras tenido estas experiencias. Puede ser que hayas visto a alguien en tu familia que comía en exceso, o que llevaba un estilo de vida sedentario o poco saludable. Además, estos individuos pueden haber racionalizado sus actos diciendo que se merecían tener lo que querían. Minimizaron las consecuencias de su conducta.

No es fácil hacer las paces con un pasado en el que reforzaste la idea de conseguir una satisfacción inmediata. La química del cerebro también contribuye a la creación del problema ya que proporciona una sensación de satisfacción cuando consumes alimentos grasos o de alto contenido de azúcar. Hacer las paces con tu pasado te obliga a cambiar la forma de pensar y a adquirir un compromiso continuado con tus objetivos. Identifica las ocasiones en las que eres más propensa a actuar como debes hacerlo ahora y pregúntate si controlas tu experiencia pasada. Los antiguos mensajes sobre la satisfacción inmediata ¿son irrelevantes o aún están saboteando tus objetivos a largo plazo sobre tu salud? Di que no necesitas escuchar estos mensajes. Escribe una carta (que no vas a enviar) a las personas que reforzaron tu idea de que deberías tener lo que quisieras aunque no fuera bueno para ti. Diles que aunque agradeciste sus explicaciones sobre su comportamiento, ya no las necesitas. A partir de ahora, tú decidirás tu futuro. Perdona a quien tengas que perdonar y olvida los antiguos mensajes. Te encargarás tú misma de comprometerte con los objetivos referentes a tu estilo de vida.

Sé indulgente contigo

Sí, lo que has leído es correcto. Sé indulgente contigo. Sé indulgente con las comidas que nutren tu cuerpo. Prémiate creando un estilo de vida activo. Mímate con pensamientos positivos sobre tu habilidad para alcanzar tus metas. Si cambias tu definición de indulgencia de algo que está prohibido a algo que es beneficioso, la satisfacción que tendrás no saboteará tus objetivos. Empieza comiendo alimentos sanos que te gusten y haciendo ejercicio que te divierta. Si al inicio te concentras en la satisfacción que tienes al poner en marcha tu plan, te hará más paciente y te comprometerás más con las estrategias que te llevarán a conseguir los objetivos. En ocasiones desearás tomar comidas altas en calorías o llevar una vida sedentaria. Cambia tu definición de indulgencia y usa la que te recuerda que debes ser buena contigo.

¿Por qué te estás alejando del camino trazado?

Las causas más comunes por las que dejas de aprender a practicar la paciencia están íntimamente relacionadas con el hecho de que la satisfacción inmediata puede ser un tropiezo para ti. Si te pasa esto cuando practicas la paciencia, analiza si se debe a alguna de las razones que se exponen a continuación.

La sensación crónica de sentir carencias

Las sensaciones de sentir carencias tienen muchos orígenes. Sientes que te faltan cosas que necesitas física o emocionalmente. Puedes sentir que no eres «lo suficiente», un sentimiento que puede provenir de tu pasado. Cuando percibes estas carencias, reaccionas intentando conseguir lo que sea y de forma rápida, es decir, de manera impulsiva, lo contrario de lo que debes hacer para seguir tus estrategias. Actuar de forma impulsiva se convierte en una estrategia para sobrellevar la situación y, aunque en el pasado ha podido darte buenos resultados, está anticuada y no te ayuda.

La falta de atención

A veces la actitud de satisfacer tus deseos proviene de la falta de atención en tus propias necesidades físicas, puede ser la causa, tanto si tienes demasiada hambre como si estás inapetente. Cuando no comes de forma regular, la sensación de hambre te advertirá que es hora de que comas. La falta de atención continuada a esta sensación de hambre puede conducir a que comas cualquier cosa sin tener en cuenta las estrategias que estás siguiendo. Además, es probable que comas más de lo que lo hubieras hecho en el caso de no estar hambrienta. No prestar atención a tus necesidades físicas puede llevarte a comer de forma desordenada sin pensar en lo que estás haciendo. Puede que tengas un antojo y, de forma automática, te lo concedas porque no estás prestando atención. Es importante que te pesques cuando no estás atenta y cambies tu forma de reaccionar. Si fallas repetidamente a causa de tu falta de atención, analiza detenidamente lo que comes a lo largo de la semana siguiente. Lleva a cabo alguna de las estrategias que se presentan en este capítulo para ayudarte a saber cuándo puedes practicar la paciencia.

El miedo a ajustar el paso

Cuando está muy arraigada la costumbre de recibir una satisfacción inmediata, a menudo actúas de forma precipitada. En tu actividad normal vas siempre tan rápido que piensas que si reduces la velocidad impedirás la consecución de tus objetivos. Actúas como si la rapidez fuera necesaria para conseguir algo. Es bueno un poco de tensión para lograr cosas en la vida, pero no es cierto que si reduces el ritmo no conseguirás el objetivo propuesto. Si este es tu miedo, empieza poco a poco a ir más despacio. Te encontrarás que es lo contrario de lo que temes. Es decir, cuando vas más despacio, tienes más energía para consagrarla a la tarea que te has marcado. La ansiedad utiliza energía que puedes dedicar a actividades más productivas como son el centrarte de forma más clara en tus objetivos de estilo de vida.

El gusto por las celebraciones

Otra de las causas por las que puedes tener problemas para practicar la paciencia es que eres una persona a la que le gustan demasiado las celebraciones. Cualquier día, cualquier evento, se convierte en una celebración y, claro, junto con ello eres más indulgente y de inmediato satisfaces tus necesidades. Cuando esta actitud llega a un extremo, es difícil interrumpir el ciclo porque parece que no hay nada divertido en la vida si no te das permiso para alejarte de tus objetivos. Si ves que este es tu caso, debes decidir si merece la pena lo que estás ganando viendo las consecuencias a largo plazo. No tienes que dejar de celebrar, pero hay muchas formas de hacerlo tomando alimentos sanos. Hay eventos muy interesantes que pueden ayudarte a celebrar algo de forma positiva, sin interferir en tus metas de estilo de vida. Si piensas que tu vida se volverá aburrida si interrumpes un ciclo de satisfacción inmediata, desafíate y busca soluciones creativas que te ayuden a celebrar alejarte de tus objetivos de estilo de vida.

Una borrachera de comida

Una borrachera de comida significa que consumes una cantidad de comida que es mucho más de lo que la mayor parte de la gente puede comer en un período de 1 a 2 horas y que sientes que no puedes parar. A menudo los borrachos de comida actúan de manera opuesta tomando laxantes, ayunando, vomitando y haciendo ejercicio para contrarrestar el efecto del exceso de comida. Si actúas de esta forma por lo menos dos veces por semana durante tres meses, necesitas la ayuda de un psicólogo o de un psiquiatra especializado en este tipo de trastornos. Se necesita una evaluación completa de tu alimentación para tratar un problema tan serio. Habla con tu médico de medicina general para que te informe sobre centros donde te puedan ayudar. Si no sabes por dónde empezar, ve a la sección de Recursos de este libro. Cuando no controlas esta situación, el progreso para conseguir tus objetivos se ve seriamente afectado. Controlar estas borracheras de comida es el primer requisito para conseguir tus objetivos de pérdida de peso y de hacer ejercicio.

Estrategias para seguir el camino trazado

Si practicar la paciencia te parece difícil, prueba alguna de las estrategias que te presentamos a continuación.

Practica en otros aspectos de tu vida

Te será más fácil practicar la paciencia para lograr tus objetivos de pérdida de peso y de hacer ejercicio si lo haces en otros ámbitos de tu vida. Encuentra formas de ser paciente cuando no quieras hacer algo. Tómate tu tiempo. Desafía la idea de que debes hacer algo muy deprisa. Escoge el camino más largo y prémiate por ser tranquila y paciente. La paciencia necesita práctica, por tanto, persiste en ella hasta que hayas aprendido bien la lección.

Usa técnicas que conoces

La habilidad del enfoque atento que se describe en el capítulo 5 te puede ayudar a aumentar la paciencia. Repasa tus objetivos a corto plazo y asegúrate de que son razonables y de que se pueden conseguir. Es más fácil actuar con paciencia cuando te centras en pequeños retos que se pueden conseguir.

Conoce tus modos de actuar

Uno de los mejores instrumentos que tienes para prepararte para ocasiones en las que puedas ser más vulnerable, es la de conocer tiempos, lugares y situaciones en las que es probable que falles. Cuando estés familiarizada con tus debilidades, podrás anticiparte a ellas y planear la forma de hacerlo.

No te deprimas

No pienses que estás desesperada o en un apuro horrible. Sé flexible en el cumplimento de tus necesidades para no crear un estado real o imaginario de depresión. Cuando estás consiguiendo una forma de vida sana, te estás dando mucho más que cuando cedes a la satisfacción del momento.

7

¿Las emociones rebeldes están gobernando tu vida?

Las emociones son maravillosas. Sin ellas, estarías falta de alegría, sensibilidad, amor, excitación. Tampoco sentirías dolor o frustración como señal para ver que hay un problema que necesita tu atención. Una de las barreras ocultas más normal es que las emociones se descontrolen y actúen de improviso de manera que no puedas controlarlas y afecten a tus objetivos de pérdida de peso y de hacer ejercicio. Este capítulo se dedica a analizar cómo y por qué las emociones interfieren en el logro de tus objetivos. Conocerás cómo una emoción específica, la comida y la práctica de ejercicio se interrelacionan y te alejan de tus objetivos. Incluiremos ejercicios que te ayuden a manejar las emociones difíciles en relación con tu alimentación y la práctica de ejercicio. También aprenderás a interrumpir el ciclo de emociones negativas que te impiden progresar hacia sus metas.

¿Qué son las emociones rebeldes?

Puede que no seas consciente del papel que juegan las emociones en tu alimentación y en la práctica de ejercicio. La comida proporciona consuelo; muchas personas comen como respuesta a ciertas emociones negativas como la tristeza o la ansiedad. También puedes comer cuando no tienes un sentimiento fuerte, cuando te encuentras en el estilo «bah». Las emociones positivas también juegan un papel en tu comportamiento en materia de alimentación y de hacer ejercicio. Puedes premiarte mediante una comida o puedes decidir dejar de hacer ejercicio como premio por un logro o para celebrar algo. Estas emociones y reacciones son comunes y pueden instalarse en tu vida de forma tal que aún puedes estar intentando averiguar tus objetivos. Las emociones rebeldes son aquellas que actúan sobre tu alimentación y la práctica del ejercicio de una manera que no es la más indicada para ti. Si estás desprevenida ante estas emociones y en cómo te afectan, pueden interferir en tus objetivos respecto a tus hábitos de vida sana.

¿Cómo te alejan las emociones del camino que te lleva a perder peso?

¿Cómo afectan las emociones a tu alimentación y a la práctica de ejercicio? Es una pregunta complicada que aún se está investigando, pero a lo largo de este capítulo conocerás algunos resultados importantes de estas investigaciones. Comer está conectado con las emociones y la experiencia pasada. La comida puede relacionarse con emociones positivas, como comer sin medida porque estás contenta o celebrando algo. Puedes haberlo aprendido en la niñez, cuando te daban dulces para premiar tu buen comportamiento. Aunque las emociones positivas pueden ir en contra de tus objetivos, especialmente en épocas de celebraciones, lo normal es que sean las emociones negativas, como la depresión, la soledad o el fastidio.

Thayer (2001) describe en su libro *Energía tranquila: cómo la gente puede regular su humor mediante la alimentación y el ejercicio*, una de las respuestas más reveladoras sobre cómo el estado de ánimo está asociado a la sobrealimentación. Cree que las emociones negativas y la sobrealimentación se relacionan a través de una condición que denomina el cansancio tenso; es un estado de falta de energía y aumento de la tensión que, a menudo, acompaña a las emociones negativas. El cansancio tenso puede describirse como esa fase en la que no te gusta lo que estás haciendo pero todavía no sabes como actuar. Este estado se puede describir como cuando alguien dice: «A veces me encuentro tan derrotado y cansado que apenas me fijo en ver si tomo comida sana». Los dulces y la comida basura producen un aumento de azúcar en la sangre que proporciona una rápida y temporal cura de las emociones negativas y del cansancio tenso que las acompaña. El alivio y el aumento de energía que sentimos después de comer sirve para reforzar el valor y poder de la comida como una estrategia para sobrellevar estas emociones. Thayer señala que la comida se vuelve como una droga que se usa para mitigar temporalmente los estados emocionales. Utilizar la comida para rebajar la tensión y no tener emociones negativas como la culpa, la depresión o la frustración, a menudo produce un círculo vicioso ya que la sobrealimentacion, a su vez, produce un aumento de las emociones negativas. Aprender a superar el ciclo emoción-comida-alivio atacando directamente al problema real, es decir, a tus emociones negativas, puede ayudarte a seguir el camino que te has trazado para conseguir el objetivo de una alimentación sana.

¿Cómo te alejan las emociones de la práctica de ejercicio?

El ejercicio produce endorfinas, que son elementos químicos del cuerpo que activan los receptores opiáceos del cerebro haciéndonos sentir bien. Los deportistas habituales dicen que no pueden vivir sin el alivio de la tensión y las buenas sensaciones que el ejercicio les proporciona. Sin embargo, se produce el mismo fenómeno en la relación emoción-ejercicio que la que se producía en el caso de emoción-alimentación. Aun sin darte cuenta de ello, revisas tu nivel de energía. Cuando tienes emociones negativas y cansancio tenso, disminuye la motivación para empezar a hacer ejercicio. El cansancio tenso puede interrumpir tus buenas intenciones de hacer ejercicio e incluso los buenos hábitos que tienes en esta materia.

Es posible que digas que tuviste un día en el que en todo momento pensaste en hacer ejercicio pero no fue así debido a otras responsabilidades, peticiones de última hora o alteraciones del horario. Llegas a casa tensa y cansada sin energía para hacer ejercicio. Estos sentimientos hacen difícil, si no imposible, conseguir tu objetivo.

Por el contrario, todo esto puede conducir a algunos individuos a realizar más ejercicio de lo razonable. Cuando las emociones o el cansancio tenso secuestran tus buenas intenciones de hacer ejercicio o te llevan a hacerlo de forma compulsiva, tienes que controlar tus emociones negativas y tu falta de energía.

¿Qué hay que hacer ahora?

Como muchas personas que piden ayuda para perder peso, debes conocer, sin duda, las emociones que te llevan a alejarte de tus objetivos de pérdida de peso y de hacer ejercicio. Puedes definirte como una «comilona emocional o compulsiva». Por otra parte, puede que no seas consciente de cómo las emociones influyen en tus esfuerzos para perder peso y para hacer ejercicio. Comprueba cuáles de estas frases se pueden aplicar mejor a tu caso.

☐ A menudo estoy comiendo «sin pensar».

☐ Comer me ayuda cuanto estoy «bah», deprimida o baja de moral.

☐ Me premio dejando de hacer ejercicio y de comer saludablemente.

☐ No doy valor a la influencia que tienen mis emociones con respecto a mi comportamiento en materia de alimentación y práctica de ejercicio.

☐ Tengo una sensación de tensión o de urgencia antes de sobrealimentarme.

☐ A menudo como cuando no tengo hambre.

☐ La mayor parte del tiempo siento la necesidad de «relajarme» en lugar de hacer ejercicio.

☐ Cuando estoy estresada, tiendo a ganar o perder peso.

☐ A menudo estoy demasiado cansada o estresada para hacer ejercicio.

Si tu respuesta es negativa a la mayor parte de estas frases, significa que las emociones no son la causa fundamental por la que te alejas de tus objetivos de pérdida de peso y de ejercicio. Si respondes de forma positiva tenemos buenas noticias para ti: hay maneras específicas y científicamente probadas de dominar las emociones que te alejan del camino que te has trazado.

¿Cómo puedes tener más éxito?

Antes de que puedas desarrollar una solución a cualquier desafío, necesitas definirlo de la manera más precisa posible. Cuanto más concreta seas sobre el tipo de emoción o emociones que te están alejando de tus objetivos y las situaciones que van asociadas, mejor será para crear una serie de soluciones que serán las idóneas para ti. Con un poco el trabajo podrás tener mucho éxito con respecto a la consecución de un estilo de vida saludable. Así que, ponte el uniforme de científica y empieza a observarte.

Identifica la emoción

¿Identificas fácilmente las emociones que te alejan de tus objetivos? Un método infalible para saber qué emociones están presentes y en qué momento, es escribirlas. No hay mejor sistema para registrar los datos que una observación diaria de ti misma. Elige un período de tiempo que puedas controlar. Una semana es un buen principio, pero también pueden ser unos días. Mete en tu bolso o bolsillo un bloc de notas y empieza a observar tu conducta. Cuando te descubras comiendo de más o escapándote de hacer ejercicio, coge el bloc de notas y describe la situación y el sentimiento que tienes en ese momento. Lo puedes hacer completando esta frase: «Ahora me siento_____». Si normalmente controlas lo que comes y las calorías y grasas ingeridas, simplemente incluye los sentimientos que tienes. No tienes que escribir un libro, simplemente unas notas cortas y rápidas. Puedes incluir la fecha, la situación, los sentimientos que tienes en ese momento y cómo te has apartado del objetivo. Un ejemplo puede ser que estés almorzando en el despacho mientras repasas unas notas antes de una reunión. Podrías estar comiendo más de lo normal y notar que estás ansiosa o disgustada porque no la preparaste mejor. La forma de alejarte de tus objetivos puede ser tomar un gran almuerzo o un dulce.

Ahora piensa en la última vez que te alejaste de tus objetivos de pérdida de peso y de hacer ejercicio. ¿Dónde estabas? ¿Qué hacías? Imagínate en esta situación y recuerda lo que sentías. Si no se te ocurre nada, pregúntate qué es lo que estabas pensando y si esto se relaciona con una emoción especial. Continua y supón lo que podrías haber estado sintiendo. Con un poco de práctica llegarás a identificar el sentimiento con precisión.

Sé responsable de tus emociones

Después de identificar tus emociones, el siguiente paso es admitir que son tuyas y que son una reacción a las circunstancias internas y externas que te rodean. Cuando experimentas emociones fuertes, sobre todo si son negativas, tienes la tendencia de culpar a los demás de hacerte sentir de una cierta manera. Naturalmente, eres la única que puede determinar y cambiar tus reacciones ante cualquier hecho. Responsabilizarte de tus emociones no significa negarlas. Simplemente significa que no importa cómo te sientas, son tuyas y no debes culpar a otros de ellas, tu compañero o tu cónyuge pueden sacarte de quicio, pero no son culpables de tus propios sentimientos o de la sobrealimentación a la que llegas como respuesta a dichos sentimientos.

Aprende dos técnicas para conducir tus emociones

Hay muchas maneras de dirigir las emociones. Hemos agrupado una serie de técnicas en dos grupos que llamamos estrategias de dirección y estrategias de alejamiento. Algunas estrategias funcionan mejor que otras dependiendo de las emociones y las situaciones. Algunas puede que no te sirvan de ninguna manera. Pruébalas todas para descubrir las que te van mejor. Al final del capítulo encontrarás una serie de preguntas que te ayudarán a escoger el tipo de estrategia que es mejor para ti.

Estrategias de dirección

Las estrategias de dirección te ayudan a concentrarte directamente en el sentimiento, experimentarlo y actuar directamente sobre él. A continuación describimos las que consideramos mejores.

Averigua tus razones y cámbialas. Las emociones van precedidas de pensamientos, incluso cuando no eres consciente ello. Un hombre cuya esposa se murió recientemente vio que estaba predispuesto a sobrealimentarse cuando estaba en casa y se sentía triste y solo. Cuando se dio cuenta de lo que pensaba, se encontró diciéndose: «No aguanto estar solo. Nunca podré soportarlo». Sin embargo, analizando los hechos se dio cuenta de que estaba tolerando la muerte de su mujer, aunque era difícil. Cambiar tu forma de pensar significa: 1) consigue que tus pensamientos sean realistas y exactos y 2) reconoce todas las fuerzas y recursos que tienes para controlar la situación y tus emociones. Cuando él sustituyó sus pensamientos por otros más realistas e ingeniosos como: «Es duro estar triste. Estoy sufriendo. Puedo aprender a soportar estos sentimientos», sus emociones cambiaron. En cuanto Jack se dijo a sí mismo que podía controlar sus sentimientos, se sintió más seguro de que desaparecerían.

Si te es difícil conocer los pensamientos que te han llevado a sentir estas emociones, utiliza durante una semana tu bloc de notas para ir apuntando los pensamientos y sentimientos. Por ejemplo, cuando sientas una emoción fuerte, completa esta frase: «Cuando siento_____

_____ estoy pensando_____». Este ejercicio te ayudará a identificar los pensamientos que van asociados a tus emociones.

Si varías tus pensamientos del tipo «no puedo hacerlo» por otros que te den ánimos, te ayudará a cambiar tu estado emocional y aumentará tu confianza. Tus nuevos pensamientos deben ser realistas y positivos. Piensa cómo te gustaría que respondiera una persona que te esté ayudando. Te diría que aunque la tarea es difícil, tienes capacidad para llevarla a cabo.

Usa tu habilidad para resolver problemas. A menudo las emociones están relacionadas con problemas que necesitan de tu atención, como puede ser la soledad crónica o el aburrimiento. Te muestran la necesidad de actuar. Establecer un plan de acción para resolver el problema emocional es mejor que continuar igual de manera que dificulte la consecución de los objetivos que te has propuesto en materia de salud. Si te sientes sola antes de empezar a comer en exceso, usa este sentimiento como una señal para llevar a cabo un plan que aumente tus actividades sociales. ¿Te aburres? Embárcate en un programa para descubrir qué otras actividades o aficiones puedes iniciar. ¿Estás ansiosa? Descubre la causa de tu ansiedad y actúa contra ella. Resolver la mayor parte de los problemas difíciles requiere tiempo, esfuerzo y, probablemente, la ayuda de un profesional, pero es mucho más útil que permitir que las emociones te impidan llevar a cabo el plan que te has propuesto.

Experimenta la emoción. Otra estrategia de dirección consiste en centrarse en cualquier sentimiento y dejar que se desarrolle. Aunque sea difícil de creer, la intensidad de los sentimientos pasa. Para comprobar esta técnica, la próxima vez que sientas que te alejas de los objetivos de perder peso y de hacer ejercicio, identifica tus emociones. Déjate sentir estas emociones plenamente. Percibe las sensaciones físicas que sientes. Céntrate en el sentimiento que tienes, intenta experimentarlo como si una ola te atravesara.

Durante un corto espacio de tiempo puedes sentir una inmensa tristeza o ansiedad. Intenta centrarte en el sentimiento y, después, deja que pierda intensidad. Probablemente te sorprenderá ver que la emoción es menos fuerte cuando experimentas con ella. No debes usar esta técnica cuando estás muy enfadada, ya que lo único que consigues es aumentar y fortalecer con tus razonamientos la causa de tu enojo. Si la emoción es negativa, intenta utilizar técnicas de resolución de problemas o de alejamiento. Recuerda tu plan de acción. Si no puedes controlar tus emociones, recuerda tu plan de acción. En el momento crítico en el que tienes la tentación de comer o de no hacer ejercicio como respuesta a tus emociones, tienes la oportunidad de escoger entre hacer caso al sentimiento que tienes o a un objetivo más importante como es la salud. Recuerda por qué quieres comer alimentos sanos y hacer ejercicio. Imagina que has alcanzado la meta y cómo te sentirás entonces. Imagínate que logras y mantienes la pérdida de peso y tus objetivos de hacer ejercicio. En el caso de que tengas dudas entre hacer caso a tus emociones o a tus objetivos, representa de forma muy convincente un cuadro de tus objetivos y de tu éxito futuro.

Estrategias de alejamiento

Las estrategias de alejamiento son aquellas en las que centras tus pensamientos en cualquier otra cosa, alejándolos de la emoción que te dificulta la consecución de tus objetivos. Estas estrategias son especialmente útiles para calmarte antes de actuar frente a las emociones.

Respira profundamente y relájate. Pocas estrategias te ayudarán tanto como respirar usando el diafragma y relajar los músculos para reducir estados como la tensión o la ansiedad. La respiración profunda significa utilizar el diafragma al respirar lenta y profundamente. Para ver si estás respirando profundamente, pon las manos en la parte inferior de la caja torácica. Pon los dedos en la parte central de forma que se sitúen en el abdomen. Ahora respira despacio y profundamente. Si estás utilizando el diafragma, tu mano se moverá de arriba a abajo cuando respiras. Cuando estés segura de que respiras utilizando el diafragma, haz diez respiraciones, lentas, profundas, siendo las exhalaciones un poco más largas que las inhalaciones. Después de esto, estarás mejor para evaluar la situación de forma objetiva.

Para hacer un ejercicio de relajación rápido, siéntate o acuéstate, cierra los ojos y haz diez respiraciones lentas y profundas. Centra tu energía mental en la tensión que puedas tener. Imagina una sensación cálida y tranquilizadora de relajación que empieza en tu cabeza y va bajando despacio hacia el cuello, hombros, brazos, tronco piernas y pies. Al respirar, permite que la tensión se aleje de tu cuerpo. Ten en cuenta que puedes tener la sensación de tibieza, pesadez o cosquilleo en los músculos cuando te relajes. Repite nuevamente este proceso que va descendiendo a lo largo de todo tu cuerpo. Prueba estas técnicas cuando empieces a sentirte agobiada. Relajarte unos minutos puede ayudarte a tener la percepción de estar más fresca y ser capaz de centrarte en una alimentación sana y en tus objetivos de hacer ejercicio. A la larga, estas técnicas te ayudarán a resolver el sentimiento de cansancio tenso sin caer en una sobrealimentacion.

Intenta relajarte. Todos hacemos cosas que nos dan una sensación de alivio y calman nuestras tensiones. Desgraciadamente, en estos casos muchas personas utilizamos la comida. Unas estrategias alternativas que también pueden proporcionar este alivio podrían ser dar un paseo, tomar un baño caliente, encender velas o hacer manualidades. Averigua qué cosas de tu entorno pueden proporcionarte esta sensación de alivio a los sentidos. Identifica qué visiones, olores, texturas y sonidos te ayudan a sentirte bien. Estas estrategias pueden ser tan sencillas como ponerte una colonia. El ejercicio físico es una forma estupenda de interrumpir emociones negativas. Da un paseo rápido por tu barrio o realiza en casa ejercicios de estiramiento que te darán un respiro. Puedes hacer también algo productivo que has estado aplazando. Haz yoga, medita. Encuentra formas de relajarte que te ayuden a disminuir las emociones negativas y el estado de cansancio tenso en el que te encuentras.

Busca la emoción opuesta. Otra forma de alejarte de una emoción que te está molestando es realizar una actividad que te ayude a experimentar la emoción opuesta. Si estás deprimida y triste, piensa en una actividad agradable y empieza a realizarla. Si estás frustrada y enfadada, busca una actividad que te lleve a ser buena con otra persona. No cometas el error de pensar en que perderás algo si dejas de estar enfadada. El error más grande es aferrarse al enfado y olvidarse de lo que realmente se quiere en la vida. Si estas ansiosa, haz algo para calmarte. Actúa como si nada en el mundo te preocupara. ¿Sientes que no tienes energía? Haz algo que te refresque y actúa como si tuvieras una reserva de energía muy grande. Al principio puede parecer torpe y falso este tipo de actuación. Sigue haciéndolo. Si actúas de esta forma, puedes expulsar tus emociones negativas y el cansancio tenso y notarás que te ayuda a controlar la situación.

¿Qué estrategia debo utilizar?

La elección de una u otra estrategia se basa en tu propio juicio y experiencia. No hay una única forma para controlar las emociones rebeldes. Recuerda que debes practicar estas estrategias para que sea eficaz. Tus emociones rebeldes no desaparecerán si no luchas contra ellas. Con el fin de ayudarte a escoger la estrategia a seguir, te hacemos una serie de preguntas.

Si contestas sí a las preguntas siguientes, debes escoger una estrategia de alejamiento:

1. ¿Ahora mismo este sentimiento es demasiado fuerte?

2. ¿Si no te tranquilizas de inmediato, crees que actuarás impulsivamente?

3. ¿Es una situación que simplemente necesitas terminar aunque sabes que puede pasar nuevamente en poco tiempo?

Si contestas «sí» a las preguntas siguientes, es conveniente la utilización de una estrategia de dirección:

1. ¿Existe un problema subyacente que estoy evitando?

2. ¿Es un momento idóneo para que yo aprenda a enfrentarme y controlar este tipo de emociones?

3. ¿Creo que estas emociones podrán volver y seguir interfiriendo en la realización de mi plan de acción?

Ten prevista una estrategia para tus emociones

Sabes cómo pueden interferir las emociones en tus buenas intenciones, tus planes y tu determinación para perder peso y hacer ejercicio. Has identificado algunas situaciones de alto riesgo y has aprendido diferentes estrategias para ocuparte de estas emociones. Tendrás una ayuda suplementaria si preparas una estrategia especial para ellas. Este plan te señalará cuándo y cómo tus emociones te están haciendo perder la objetividad y están dificultado tu progreso; además, incluyen estrategias que personalmente has encontrado eficaces.

Repasa toda la información que has recopilado a lo largo de este capítulo para preparar tu estrategia. Haz una lista con las cinco ocasiones en las que es más seguro que abandones tu plan de alimentación y de práctica de ejercicio y otra con las cinco demostraciones físicas que te las recuerdan, como pueden ser tener la vista cansada, un nudo en el estómago o dolor de cabeza. Haz una nueva lista con los cinco sentimientos que sean, probablemente la causa de estas situaciones. Entonces, haz una lista con los cinco pensamientos que preceden o están relacionados con estas situaciones. (Por ejemplo, el sentimiento de frustración que acompaña al pensamiento: «Mi jefe nunca entiende mi situación».) Una vez hayas acabado de hacer estas listas, prepara una lista de estrategias, ya sea de dirección o de alejamiento, que te han sido útiles en estas situaciones. Examínalas varias veces al día en las primeras semanas hasta que las conozcas muy bien. Periódicamente, revísalas y pónlas al día. Con el plan y tu conocimiento de cómo controlar las emociones rebeldes, estás más cerca de conseguir tus objetivos.

¿Por qué te alejas del camino trazado?

Si los ejercicios que te hemos presentado a lo largo del capítulo no te dan la solución para identificar y cambiar de qué forma tus emociones impactan en tu estilo de vida, considera si una de estas razones son parte de la dificultad.

Necesitas emociones rebeldes

A veces la incapacidad para cambiar las emociones rebeldes se debe a que sirven para un propósito más importante, y reconducirlas significa que otros aspectos de tu vida cambiarán. Quizá un sentimiento de frustración constante te ayuda a sentirte productiva. El enfado puede aparecer para ocultar que tienes la moral baja o que te sientes herida. Puede ser que cuando te sientes agobiada, constantemente recibes la ayuda de otros. La mayor parte de las veces no merece la pena conocer el funcionamiento de estas emociones rebeldes, pero inicialmente puede ser difícil pensar en la forma de cambiarlas. A veces es difícil conocerlas y podrías necesitar la ayuda de un profesional si son unos modelos duraderos. Pregúntate qué propósito tiene una emoción rebelde en tu vida y evalúa si realmente merece la pena.

Eres ambivalente con referencia al cambio

La persistencia de tus emociones rebeldes puede ser producto de tu ambivalencia sobre el cambio. Cuando eres tú quien dirige tu actuación fuera del camino que te has trazado con respecto a la alimentación y la práctica de ejercicio, significa que te estás enfrentando directamente a la posibilidad de cambiar. Cualquier cambio produce temor y es lógico que, a lo largo del proceso, se produzca una ambivalencia. Repasa la lista de pros y contras sobre el cambio, que hiciste al leer el capítulo 2, y recuerda las razones por las que quieres cambiar. Además, busca otras vías para reforzar los aspectos positivos que estás consiguiendo con los cambios en el estilo de vida.

Tus emociones rebeldes son el mayor problema

A veces las emociones rebeldes son indicadoras de unos problemas psiquiátricos más importantes, como la depresión o la ansiedad. Busca ayuda profesional para saber si tienes problemas importantes de depresión o ansiedad (véase Referencias profesionales, en el apartado de Recursos). Una vez hayas recibido tratamiento, probablemente podrás llevar a cabo las soluciones de este libro.

Estrategias para mantenerte en el camino

Las siguientes estrategias te ayudarán a seguir el camino que te has trazado controlando las emociones rebeldes.

Suma las emociones a tus objetivos y plan de acción

Incorpora el aprendizaje del control de tus emociones a tus objetivos y estrategias. Si controlas las emociones, podrás conseguir los objetivos más importantes que te propongas. Adopta alguna de las estrategias de este capítulo dentro de tu plan de acción diario para fomentar tu aprendizaje y progresar hacia tus objetivos.

Averigua el propósito de la emoción

Si tus emociones están sirviendo a un propósito en tu vida que no es productivo o útil, identifica las razones y actúa directamente sobre ellas. Por ejemplo, si ves que el enfado está ocultando otras emociones, como la depresión o el dolor, empieza a actuar frente a los sentimientos reales. Lo mejor es que actúes de forma honesta ante lo que sientes y te enfrentes directamente a la situación.

Programa un tiempo para practicar

Para llevar acabo las soluciones que se proponen en este capítulo es necesaria la planificación de un tiempo en el que practiques las actividades sugeridas. Puede ayudarte si incluyes esta práctica dentro de tu horario.

En este capítulo has aprendido varias técnicas para controlar tus emociones rebeldes, una dificultad que, en el pasado, puede haberte alejado de tu camino. Si dominas esta barrera oculta, a la larga te puede ayudar a conseguir tu meta de pérdida de peso y de ejercicio.

8

¿Cómo actúas ante tus errores?

Uno de los mayores desafíos que se te presentan al realizar un plan para hacer ejercicio y perder peso es reaccionar de forma eficaz cuando cometes un error. El error puede ser tomar un bocado antes de ir a dormir, dejar para otro día el hacer ejercicio o tomar un postre de más. Pueden ser pequeños resbalones que no tienen un gran impacto en tu plan de acción. Sin embargo, dependiendo de tu respuesta, pueden convertirse en un retroceso y ser una barrera oculta. En este capítulo utilizaremos indistintamente los términos error, resbalón, traspiés o alejarse del camino trazado para referirnos a aquellas acciones que actúan en contra de nuestros objetivos de perder peso y de hacer ejercicio.

¿Cómo actuar ante los errores?

Este capítulo se dedica a ayudarte a manejar tus resbalones y retrocesos de la manera más eficaz posible. Con esta idea aprenderás no sólo a «sobrevivir a tus errores», sino también a responder de manera que te ayude en tu esfuerzo por cambiar. Pero si vas a cometer errores, necesitas saber cómo pensar y reaccionar de forma eficaz.

Es fundamental que saques partido a tus errores a causa de dos importantes reglas para conseguir tus objetivos:

Regla 1: Vas a cometer errores y alejarte del camino trazado.

Regla 2: Es un error argumentar en contra de la regla 1.

¿Por qué no debes pensar que vas a preparar un plan, ponerlo en marcha y no cometer un error? Parece una actitud apropiada y positiva. El hecho es que la mayoría de la gente no actúa en este proceso de cambio de la misma forma y de manera lineal. Por el contrario, las investigaciones revelan que lo más normal es que las personas cometan errores y vayan hacia atrás. En las fases de modelo de cambio que se presentan en el capítulo 2, Prochaska y Di-Clemente ven este proceso como una «espiral de cambio» donde las personas progresan, vuelven hacia sus hábitos anteriores y empiezan de nuevo.

Si ves tus esfuerzos de cambio en espiral, puedes ceer que conseguirás tus objetivos mientras cometes errores. No te sorprenderás si cometes un error y tomas un dulce o dejas de hacer ejercicio tal como te has propuesto. Al considerar los errores como una parte del proceso, no caerás en reacciones emocionales fuertes como el enfado, el disgusto o la desilusión. Estas emociones son difíciles de controlar y pueden alejarte de tus objetivos en materia de salud. Si consideras que los errores son parte del proceso, puedes estar más tranquila y ser más objetiva cuando tengas que ver lo que hay que hacer después de cometerlos.

Esta actitud ante tus errores también te ayudará a prepararte para actuar frente a ellos. Con las expectativas apropiadas, estando tranquila y pensando sobre la mejor manera de actuar, estarás mejor preparada para reconducir tu error y volver al camino que te has trazado. Te será útil saber que puedes dominar tus errores y volver al plan trazado. Los errores y retrocesos son descorazonadores. Si piensas que los puedes controlar, será más difícil que te deprimas o te desmoralices.

Otra de las causas por las que los errores son importantes para lograr los objetivos es que ningún plan es perfecto de buenas a primeras. Necesitas aprender el camino, y tus errores son una fuente de información maravillosa para conocer lo que tienes que hacer de manera diferente. Si tu actitud es abierta y curiosa, tus errores te revelarán cosas que no tuviste en cuenta en el momento de planear tus estrategias, como pueden ser los factores externos que interfieren en tu plan de hacer ejercicio, reacciones emocionales que necesitan de una especial atención o momentos en los que necesitas una ayuda externa para centrarte. Sin una actitud positiva ante los errores, muchos planes de acción no sufren las modificaciones necesarias para alcanzar el éxito.

Finalmente, para tratar tus errores de una forma útil, debes tratarte bien a ti misma. Debes reconocer que eres humana. Alejarte del camino trazado no significa que debas castigarte. Por el contrario, puedes responder poniendo el máximo interés. Piensa cómo puede afectar esta actitud a todo lo que persigues y a los objetivos de tu vida. No importa lo que estés intentando lograr, si tu actitud es positiva y práctica, el trabajo será más agradable y, seguramente, tendrás más éxito.

¿Qué es lo que haces?

Para saber exactamente cuál es tu actitud ante los errores, analiza cuáles de las siguientes frases te definen mejor.

☐ Intento no pensar en las cosas que hago que me alejan del plan trazado.

☐ Cuando cometo un error, tengo una reacción emocional fuerte.

☐ Repito los mismos errores pero no puedo entender por qué.

☐ Pensar en mis errores me hace sentir mal.

☐ Me molesta que otros sepan que he cometido un error con respecto a mis planes.

Si estas frases te están describiendo, tus reacciones ante tus errores están jugando un papel fundamental en el logro de tus metas. Lee y sigue los pasos que se describen a continuación para entender mejor cómo debes actuar ante tus errores.

Paso 1: Busca ejemplos de ocasiones en las que te estabas alejando del camino trazado

Recuerda una ocasión en la que cometiste un error o un desliz en tu plan de acción para perder peso y hacer ejercicio. Puede que fuera pequeño y no tuviera consecuencias importantes o un retroceso significativo en el plan semanal que te has marcado. Cuanto más reciente sea el ejemplo, será mejor ya que recordarás muchos detalles de lo que sucedió.

Paso 2: Identifica tus pensamientos y sentimientos cuando reconoces que has cometido un error

Lo que piensas sobre la situación, tus acciones, el proceso de cambio y sobre ti misma tendrá un impacto en tu reacción. También tendrás algún sentimiento relacionado con lo que pasó. Y también habrás pensado algo sobre estos sentimientos. No te preocupes, la mente siempre está ocupada. Con la práctica, podrás poner a cero los pensamientos y sentimientos que están teniendo una mayor influencia en tus reacciones. Las siguientes preguntas te ayudarán:

1. ¿Cuál es tu primera reacción al ver que has fallado?

2. ¿Ha habido otra reacción después de esta primera?

3. ¿Cuáles han sido tus pensamientos tan pronto te has dado cuenta de que has cometido un error?

4. ¿Has sacado una conclusión rápida sobre tu carácter o tu capacidad para cambiar tus hábitos con éxito?

Paso 3: Identifica lo que hiciste en respuesta al error

Lo fundamental de tu reacción ante los errores es cómo te sales de ellos. ¿Qué impacto tendrá en ti y en tus objetivos? Para conocer este impacto, lo primero que tienes que hacer es identificar claramente los actos que vinieron a continuación del error. ¿Pensaste en que la próxima vez harías las cosas de manera diferente, actuarías más rápido o te autocastigarías? Para ayudarte a identificar las acciones que realizas después de cometer un error, ten en cuenta lo siguiente:

1. Se concreta y específica. ¿Qué hiciste, dónde fuiste?

2. Sé consciente de que no hacer nada también es una reacción. Debes anotar todo lo que hagas o dejes de hacer.

3. Piensa en tus reacciones posteriores. Probablemente tendrás una reacción inmediata después de haber cometido un error, pero también tendrás otras posteriores que debes tener en cuenta. Puedes tener reacciones ante el error e incluso reacciones a las reacciones (como «estaba tan enfadada ayer por la noche, no conseguí calmarme hasta que no tomé algo»).

4. No lo analices o juzgues aún. Este paso consiste en darse cuenta de forma precisa y objetiva de lo que pasa cuando cometes errores.

Las reacciones que te alejan del camino trazado a menudo son automáticas y difíciles de identificar. Te animamos a que escribas tus respuestas sobre los errores pasados y presentes como parte del sistema de autoevaluación. Haz un cuadro de «Reacciones ante los errores»; tendrá cuatro columnas verticales. Los títulos de cada una de las columnas serán: «Los errores cometidos», «Reacciones emocionales», «Pensamientos automáticos» y «Después qué hice». Rellena todas las columnas por cada error que anotes. Mas tarde, en este capítulo aprenderás las estrategias para actuar ante los resbalones y contratiempos. Entonces querrás introducir una nueva columna que se llamará: «Mi nueva contestación». Eficaz.

¿Cómo puedes tener más éxito?

Esta sección describe los aspectos fundamentales para actuar ante tus errores de forma eficaz y te ofrece estrategias específicas que te ayudarán a integrarlos con tus esfuerzos para cambiar.

Crea expectativas razonables

Ahora sabes, y probablemente lo has sabido desde hace mucho tiempo, que los errores forman parte de este juego. Puedes habérselo dicho a tus hijos o a tus amigos. Sin embargo, es otra historia decírselo a una misma. Necesitas valorar de manera real las probabilidades que tienes de dar un traspié. No es necesario saber el número exacto. Lo importante es que reconozcas que existe esta posibilidad y que no te afectará cuando pase. No seas demasiado condescendiente contigo misma y anticípate a los resbalones. Debes conseguir equilibrar la realidad de que todos cometemos errores con la necesidad de actuar para conseguir tu plan de acción.

Anticípate a las situaciones de alto riesgo

Hay situaciones y condiciones en las que tendrás un alto riesgo de alejarte del plan de acción. Esta es otra oportunidad de anticiparte para que no te pesque desprevenida una situación difícil. Piensa en las situaciones de alto riesgo en las que te has encontrado y que te han alejado del camino trazado. ¿Hay ciertos momentos más difíciles en el día ? ¿Los resbalones se producen cuando estás cansada o falta de energía? ¿Ciertas situaciones sociales son un factor de riesgo? Si eres consciente de estas situaciones, podrás anticiparte y planear cómo reaccionar o, en el caso de tener un resbalón, poderte recuperar rápidamente.

Vuelve a tu plan de acción

Una estrategia importante para resolver tus errores será la técnica de «coger y volver». Con esta estrategia reconoces que te estás alejando del camino trazado y, rápidamente, vuelves a él. Cuando te das cuenta de tu error, necesitas responsabilizarte de lo hecho, reconocer que no era lo que querías hacer y, con calma, reconducirte al camino que te habías trazado. Esto puede llevar aparejada una acción inmediata (guardar la comida que se ha cogido o levantarte de la mesa) o planear algo que harás (por ejemplo, hacer ejercicio esta tarde o comprar fruta en el camino a casa). Las siguientes estrategias te ayudarán a reconocer tus errores y volver al plan de acción trazado.

Practica la responsabilidad

Después de cada traspiés hay una oportunidad para decidir de forma responsable y meditada qué es lo que debes hacer a continuación. No evites la responsabilidad ni te permitas apartarte del plan de acción. Prevé cómo actuarás ante los errores, qué te dirás a ti misma y cómo llevarás de forma responsable tu plan de acción. Repasa el capítulo que trata sobre la práctica de la responsabilidad.

Ten sólo pensamientos productivos

Si sólo te permites pensamientos productivos, detendrás con mayor facilidad el error que tienes en mente sin ningún propósito específico, recordando lo que hiciste o manteniendo una conversación contigo misma. Si te es beneficioso, pon en práctica una nueva conexión entre cometer un error y pensar sólo en él.

Ríete

Es una herramienta muy útil para enfrentarse con los errores. Cuando es correcta, comprendes que los errores no son el fin del mundo. Mejor aún, puedes reírte de lo que hiciste. Lo has estropeado, y probablemente lo volverás a hacer. ¡Eres humana! Únete al club.

Habla de tu error con una amiga

Normalmente tendemos a mantener en secreto nuestros errores, traspiés y dificultades. Esto fortalece la idea de que deben ser evitados y no verse a la luz del día ¿Por qué no hacer lo contrario? Ríete con una amiga de lo que has hecho. Dile que no se sienta mal por ti o que te dé un consejo. No es tan grande como un trato y sabes lo que tienes que hacer de forma distinta. Lo que quieres es «sacar hacia fuera» el error para que en el futuro lo puedas detectar fácil y rápidamente.

Haz algo directamente relacionado con tus objetivos

Busca algo concreto y orientado a la consecución de tus objetivos sobre alimentación y la práctica de ejercicio. Cómete una pieza de fruta, escribe el menú para la cena de esta noche, sube dos pisos por las escaleras o haz diez flexiones. Haz algo, cualquier cosa que te ayude a recordar los motivos por los que estás haciendo esto y por los que puedes hacerlo. No hay nada mejor que actos concretos para volver al camino trazado.

Habla contigo misma como un buen entrenador

Conversando contigo misma guíate para descubrir tus errores y, serenamente, volver al camino que te has trazado. Como los buenos entrenadores, recuerda tu capacidad y tu fuerza para actuar directamente ante los errores. Entrénate a regalarte, a mantener la perspectiva ante los errores, conserva una forma de pensar que te ayude y, sencillamente, vuelve hacia lo que sabes que es lo mejor para ti.

Para y aprende de tus errores

Con cada resbalón o retroceso tienes la oportunidad de aprender y mejorar tus esfuerzos para cambiar. Recuerda que aprendemos más si el ambiente que nos rodea está calmado, es objetivo y no es crítico. También tienes que asegurarte de que tu enfoque es útil y productivo. Si lo que haces es un resumen de lo que pasó, lo normal es que te sientas peor.

Si repasas el error que has cometido, pregúntate: «¿Por qué lo he hecho?» «¿Qué es lo que ha pasado en realidad?» o «¿Podría haberlo hecho de forma diferente?» «¿Qué es lo que he aprendido de esta experiencia?». Será útil tener algunas ideas de las cosas sobre las que podría ser necesario aprender algo. Los siguientes apartados te guiarán sobre las preguntas y reflexiones que debes hacerte cuando te alejas del camino que te has trazado.

Valora tus reacciones

¿Cómo reaccionas ante los errores? ¿Estás reaccionando de forma productiva o contraproducente? La única forma de saberlo es cometiendo errores y viendo cómo respondes en esa situación. Como ya viste en el apartado de autoevaluación, los errores te dan la oportunidad de preguntarte sobre tus pensamientos, sentimientos y las reacciones subsiguientes.

Explora otras barreras ocultas

Muchos de los capítulos del libro están escritos para ayudarte a entender y planificar el reto de conseguir tus objetivos. Mientras estás intentando controlar tus emociones, centrarte en tus objetivos o prepararte para el cambio, los errores te mostrarán tus propios retos. Analiza lo que pasó cuando te alejaste del camino para conseguir tus objetivos y esto te servirá como guía para ayudarte a identificar los temas más importantes para ti de este libro.

Haz ajustes

Tus planes iniciales para perder peso y hacer ejercicio necesitarán irse ajustando a medida que te lo dicte la experiencia. Utiliza tus errores para conocer qué es lo que necesitas cambiar y de qué manera. ¿Tu plan de acción está funcionando bien en temas como el tiempo que necesitas para hacer ejercicio, la mejor hora para comer algo o la frecuencia con la que debes recordarlo?

Cuándo hay que «pararse y aprender» en lugar de «coger y volver»

¿Cómo sabes cuándo debes pararte y aprender de tus errores, en lugar de cogerlos y volver rápidamente al plan de acción? La pregunta debes responderla tú. A menudo, lo más eficaz es reconocer el error y volver rápidamente al camino que te has trazado. Sin embargo, hay otras ocasiones en que lo más inteligente es pararse a pensar e intentar aprender algo valioso de los errores. Como reflejo de tu experiencia pasada, aplica lo siguiente: si el error se repite y no disminuye, a menudo lo que sucede es que no entiendes qué es lo que está pasando; no te estás enfrentando correctamente a él y, en estos casos, la estrategia de «coger y volver» no funciona.

Toma una actitud positiva ante los errores

Los errores que cometes en tu alimentación y en la práctica de ejercicio te pueden mostrar lo que piensas sobre tus errores en otros aspectos de la vida. Tienes la oportunidad de verlos con perspectiva. ¿Los valoras? ¿Los ves como algo que debes ocultar a los demás? Ves tus errores como: una parte inevitable de la vida, oportunidades para aprender y crecer, algo que les pasa a todos, algo que te hace ser amable y accesible; no los ves como una reflexión sobre su importancia o de tu valor como persona, ni como parte de un estilo abierto que no está a la defensiva.

Para algunos, estas ideas pueden parecer normales y naturales. Sin embargo, puedes pensar que suenan bien pero realmente no las aplicas. Compruébalo y actúa como si pensaras de esta forma. Tu antigua manera de pensar no está grabada en la piedra y puede hacerte crecer.

¿Por qué te apartas del camino trazado?

Una vez que has pensado sobre cómo actuar con éxito ante tus errores, también querrás conocer cómo reaccionas ante ellos. En este apartado se presentan diversas reacciones que tenemos a causa de nuestros errores y que son improductivas o destructivas para la consecución de nuestros objetivos.

Te enfadas contigo misma

Una de las reacciones más comunes cuando te alejas de tu objetivo es enfadarte contigo misma. Es comprensible un sentimiento de frustración cuando reconoces que te has alejado de los objetivos. Sin embargo, este sentimiento puede, rápidamente, convertirse en un enfado contigo misma. A menudo no lo exteriorizas sino que se queda dentro de ti. Si cuando cometes un error te enfadas contigo, puede ser que te describas a ti misma de forma áspera y crítica, que tengas unas expectativas poco realistas o demasiado perfeccionistas sobre ti misma; que creas que todos los errores merecen ser castigados, o que veas el enfado como de manera útil y motivadora y lo utilices para evitar sentirte baja de moral o mal contigo misma. El enfado contigo misma, en lugar de ser útil o motivador, normalmente hace que el trabajo para conseguir tus objetivos sea más odioso y difícil. Si eres como la mayoría de la gente, tendrás dificultades para conseguir llevar a cabo un proyecto que te irrita. Probablemente terminarás creando una barrera mental para no tener esta presión y esta irritación.

Te sientes culpable y mal contigo misma

Sentirte culpable y mal contigo misma puede ser la causa por la que te alejes del plan trazado. Estos sentimientos, que pueden ser muy intensos, provienen de lo que piensas sobre ti misma y sobre lo que has hecho. ¿Piensas que tus errores son «cosas malas» que no deberías haber permitido que pasaran? ¿Qué es lo que piensas de ti misma cuando no haces ejercicio o no te alimentas bien? Algunas personas creerán que el error es la evidencia de tu ineptitud, pereza o que no eres una buena persona.

Si tu reacción ante los errores es sentirte mal o culpable, puede que estés exagerando las consecuencias o la importancia de los errores, sacando conclusiones globales sobre tu carácter y valor como persona, o pensando que eres inferior o que, de alguna manera, eres incompetente. Si tu reacción es de enfado, te sientes excesivamente mal o culpable, fácilmente tus esfuerzos te serán odiosos. Sentirte mal por tus errores puede ser un coste demasiado alto para conseguir tus metas. Debes crearte un sistema que te proteja de estos sentimientos de culpabilidad y de este malestar que te alejan de tus objetivos.

Evadirte del error

Otra forma de actuar frente a un traspiés es ver el error de tal manera que no te moleste. Mediante un rápido razonamiento, puedes evadirte de forma que no tengas que pensar cómo pasó. Una forma de hacerlo es racionalizando o justificando lo que hiciste. Puedes justificarte diciéndote que merecías un extra ya que estabas particularmente estresada o que el bocado que te has tomado no es un problema, ya que has hecho ejercicio ese día. Otra estrategia para evadirte es minimizar las consecuencias del error.

Evadirte del error te permite olvidar cualquier sentimiento o reacción de malestar que se pueda producir después de haberlo cometido. No debes confundir la idea de evadirte del error con decidir que no es significativo y que, simplemente, debes seguir. Por último, hay que analizar el error y ver la mejor manera de responder ante él. Evadiéndote del error te distancias rápidamente de él y evitas ir directs al batacazo total. Si reaccionas ante tus errores eludirás un importante conocimiento de tus dificultades y debilidades; reforzarás una costumbre de ver las cosas como prefieres que sean, no como son en realidad, y te protegerás por anticipado contra las críticas y los juicios practicando una vieja costumbre de no sentirte responsable de ti misma.

Distráete

Similar a evadirse del error, distraerse es un típico movimiento impulsivo para alejar el error. Después de pensar que no has comido como habías planeado o no has hecho ejercicio, rápidamente distraes tu pensamiento volviendo al trabajo, a tus responsabilidades en la casa o a otras actividades. Otras utilizan la televisión como forma de ocupar su mente. Una distracción de cualquier tipo te roba la oportunidad de reflexionar y ser consciente de lo que es mejor para ti. Si utilizas la técnica de distracción frente a tus errores tendrás dificultad para centrarte en tus puntos débiles; serás poco tolerante ante la frustración; tendrás dificultad para centrarte y ser responsable, y la idea de controlar tus errores te será odiosa e incómoda.

Dices que tu plan se ha arruinado

¿Alguna vez has tenido un resbalón en tu alimentación o plan de hacer ejercicio que te ha llevado al extremo de pensar que «o todo o nada» y que el plan se ha arruinado? En tal caso, estás viendo tu plan de acción como algo a lo que te debes adherir de forma total y cualquier desviación significa caer en desgracia. Con este planteamiento de «o todo o nada», los errores te pueden llevar a la conclusión de que el plan se ha hecho añicos y continuas comiéndote el pastel o no vuelves a hacer ejercicio. Si ante un error respondes que tu plan de acción está arruinado, quizas: imaginas que el plan debe seguirse perfectamente y de manera absoluta; ves que cualquier error es un fracaso completo y la destrucción del plan trazado; no reconoces tu habilidad o tu responsabilidad para actuar directamente ante los errores, o tendrás que recorrer el camino realizado de forma más frecuente.

Es bastante probable que te identifiques con más de una de estas reacciones. Muchas personas pueden, inicialmente, reaccionar de forma negativa contra ellas mismas, y entonces resuelven el problema distrayéndose o no pensando en lo que ha pasado. Por ejemplo, el enfado o el sentimiento de culpabilidad puede reducirse si rápidamente realizamos otra actividad o nos dormimos ante la televisión. Una vez has identificado estos hábitos, puedes enfrentarte a ellos directamente y actuar ante tus errores de la forma más correcta y útil.

Estrategias para seguir el camino trazado

Te animamos a que practiques cada una de estas estrategias para mantenerte en el camino que te has trazado. Recuerda que muchas necesitan práctica y repetición para que sus resultados sean duraderos.

Dirige tus emociones negativas

A menudo los errores que te alejan del camino que te has trazado provienen de unas emociones rebeldes e incómodas. No importa si es un sentimiento de turbación, culpa, desilusión o enfado; tus emociones necesitan ser identificadas y debes actuar con eficacia ante ellas. En el capítulo 7 se presentan estrategias y herramientas específicas para controlar estas emociones y seguir el plan trazado.

Reta a tus antiguas ideas sobre errores

A lo largo de tu vida has ido coleccionando pensamientos, creencias y suposiciones sobre lo que significa cometer errores. Tienes tus propias ideas sobre lo que ciertos errores son para ti como persona, los objetivos en los que estás trabajando, cómo piensas que vas a reaccionar ante ti misma y qué es lo que otros piensan sobre ti. Todo esto influye mucho en cómo te sientes ante un error y ante lo que vendrá después de él. Escribe todo lo que sientes y revísalo cuidadosamente. Usa tu lógica, tus conocimientos y tu experiencia para identificar y desafiar aquellas creencias que piensas que no son exactas ni útiles. Puede que en el pasado tuvieran sentido, pero ya no son lógicas para la forma de vida que quieres llevar.

Juzga certeramente lo mal que te encuentras

¿Tienes una idea clara de lo mal que te encuentras? Realmente, sí. Se basa en tus conclusiones sobre lo mal que lo has hecho y la idea que tienes sobre ti misma en función del error cometido. Comprueba si estás exagerando la importancia del error. Y también si estás llegando a conclusiones globales, de largo alcance sobre tu carácter, valentía y valor. Si vas a sentirte mal por lo que hiciste, ten por seguro que la intensidad de tus sentimientos es proporcional a lo que hiciste y a la importancia del error.

Deja de machacarte

Es normal hablar contigo misma de una forma que no hablarías a nadie. Es normal que, si eres demasiado crítica y dura contigo, te derrumbes y sea más difícil superar el error. Grítate a ti misma «stop» para romper la tendencia de tratarte de manera negativa.

9

¿Quién te ayuda?

A lo largo de este libro has estado aprendiendo nuevas habilidades y desarrollando un plan para lograr perder peso y hacer ejercicio. De la misma manera que se necesitan unas ciertas condiciones para tener éxito en un nuevo negocio, educar a los hijos e incluso conseguir que crezcan las plantas, el éxito del plan que te has trazado depende de las condiciones que has creado para ello. El grado de apoyo que tengas de los que te rodean y de ti misma puede ser una barrera oculta para conseguir el éxito. Este capítulo está dedicado a explicar cómo crear un ambiente en el que poder desarrollar las condiciones para un cambio duradero.

¿Qué es un ambiente favorable?

Un ambiente favorable es aquel que fomenta una manera de pensar y de actuar que te ayuda a conseguir tus objetivos en materia de salud y aumenta la probabilidad de que esta actitud positiva se repita en muchas ocasiones. Al potenciar la utilización de tus mejores recursos, el ambiente juega un papel primordial para que estos nuevos hábitos sean duraderos.

El ambiente favorable se construye principalmente de reacciones ante tu comportamiento con referencia a la alimentación y el ejercicio. Son alabanzas y felicitaciones cuando estás cumpliendo el plan trazado o cuando superas ciertos retos que te pueden alejar del camino. Cuando te dicen «¡Fantástico!» o «Así se hace», te sientes bien y tienes ganas de repetirlo. También son las palabras de apoyo y comprensión cuando te has alejado del camino trazado. Cuando la reacción es del tipo: «Era una situación muy difícil» o «Es sólo un resbalón», probablemente no magnificarás el error ni te desanimarás. Las reacciones de mal humor o ásperas sólo conseguirán hacer el trabajo más difícil.

El apoyo más eficaz es una mezcla de alabanzas y comprensión con el estímulo e ir dando la lata. «No es fácil, pero puedes hacerlo», esta frase lleva implícito apoyo y comprensión, mientras que te está empujando para no permitirte dejar de hacer ese duro trabajo. La idea subyacente es: «Merezco que me traten muy bien pero, al mismo tiempo, necesito un empujón». No necesitas una ayuda que te conforte pero, al mismo tiempo, no te apoye ante un desafío. Por ejemplo: «Pareces estresada, voy a hacerte un pastel» no va a ayudarte a hacer lo que quieres.

¿De dónde provienen estas reacciones favorables? Entre las personas que están a tu alrededor hay algunas que influyen de manera positiva en tu comportamiento en cuanto a alimentación y ejercicio. Pueden ser miembros de tu familia, amigos, gente del gimnasio o compañeros de trabajo. A lo largo de este capítulo aprenderás que es fundamental para tener éxito el crear un entorno que te ayude, las personas que escoges y cómo lo haces.

¿De dónde más provienen estas reacciones sobre tu comportamiento en alimentación y ejercicio? Si analizas todas las reacciones, te darás cuenta de que la mayoría provienen de ti misma. Constantemente reaccionas ante lo que haces. Tanto si es un comentario positivo como una crítica o es más emocional, tus propias reacciones son una parte importante del mundo en el que te mueves. Por esta razón, tu propio apoyo debe ser básico para crear tu ambiente.

Hay varias razones por las que es importante crear un ambiente favorable. Primero, si creas un ambiente favorable, te ayudará a reforzar los nuevos hábitos, por lo que aumentarán las probabilidades de que los repitas. También hace mucho más agradable trabajar para conseguir tus objetivos. Necesitas y mereces un entorno positivo y que te aliente a conseguir los objetivos que te has propuesto. Este capítulo te ayudará a conseguir desarrollar un entorno positivo.

¿Qué estás haciendo?

Es necesario que hagas una descripción honesta y precisa sobre tu entorno actual. Como siempre, una exacta comprensión de la situación actual te permite identificar lo que estás haciendo bien y lo que necesita una mayor atención. Tu entorno interior y el exterior pueden ser bastante diferentes, por lo que se valorarán de forma separada.

La primera valoración se centra en tu propio entorno, el que proviene de ti misma. Lee las siguientes frases y señala las que mejor te describen:

- ☐ Me enfado muy pronto y soy muy crítica conmigo misma.
- ☐ Utilizo a menudo mi enfado para motivarme.
- ☐ Creo que es innecesario autoalabarse.
- ☐ Me siento avergonzada cuando me digo frases de aliento.
- ☐ Creo que dar apoyo es algo que se hace para otros no para una misma.

Si la mayoría de estas frases te describen, probablemente te será muy beneficioso para ti desarrollar una forma de apoyo para ti misma. Ahora analiza si estás recibiendo apoyo de otras personas. Lee las frases siguientes y comprueba cuáles te describen:

- ☐ Normalmente nadie sabe cuando me aparto del plan trazado.
- ☐ No le explico a mi familia ni a mis amigos que estoy intentando llevar una vida más sana.
- ☐ No le digo a nadie cómo quiero que me ayuden.
- ☐ Creo que un miembro de la familia, realmente no quiere que cambie.
- ☐ Creo que debo hacerlo completamente sola.
- ☐ Si recibo el estímulo de otras personas, tiendo a no tenerlo en cuenta.

Si estás bastante de acuerdo con estas frases, es probable que puedas aumentar el apoyo que recibes de otras personas. En suma, puede ser necesario evaluar ciertas relaciones para entender el impacto que tienen en tus objetivos.

¿Cómo puedes tener más éxito?

Es fácil reconocer lo acertado que es el estar apoyada por ti misma y por otros. Sin embargo, para crear un ambiente favorable se necesita aprender ciertas habilidades que no son fáciles de conseguir. Cómo nos comportamos con nosotros mismos y cómo esperamos que nos traten los otros se desarrolla cuando somos jóvenes. Si tienes suerte, has crecido en un ambiente favorable donde aprendiste a tratarte y a tratar a los otros de esta manera. Si no has crecido en este tipo de ambiente, necesitarás desarrollar estas habilidades en tu etapa adulta.

Date ánimos cuando tengas éxito

¿Cómo reaccionas cuando sigues tu plan de acción, superando situaciones en las que tienes la tentación de comer o de dejar de hacer ejercicio? Es importante que reacciones de forma que te des ánimo y refuerces lo que has hecho. Una forma de hacerlo es reconocer la importancia de lo que has hecho y sentirte orgullosa de ello. Grita «así se hace» y habla como si fueras un gran entrenador animando a sus jugadores. Piensa en lo que realmente quieres oír. Los momentos de éxito también deben utilizarse para resaltar que tienes la capacidad y las habilidades necesarias para tener éxito. Si lo has hecho una vez, puedes hacerlo de nuevo. Si tú no has crecido oyendo esta forma positiva de hablar, puede parecerte cínica, encontrar que es una tontería o no hacerlo porque te sientes torpe. Sin embargo, hazlo. El refuerzo positivo es muy importante para construir buenos hábitos y no está indicado solamente para los niños.

Date muchos más ánimos cuando no tengas éxito

«Puedo ser mi peor enemigo.» Esta frase puede ser especialmente pertinente según cómo reacciones ante los resbalones. Como ya dijimos en el capítulo 8, es importante reconocer cuándo se producen los resbalones y la llave es saber responder ante ellos de manera eficaz. Un ambiente favorable significa reconocer que, a veces, te equivocarás; detener cualquier muestra de enfado o reacción crítica; dirigirte frases de aliento y seguir el camino que te has marcado. Las siguientes frases son un buen ejemplo de lo que significa un ambiente favorable: «De acuerdo, no ha estado bien, pero ahora mismo vuelvo a empezar», «Estupendo, lo he destrozado, pero ahora ya sé lo que tengo que hacer».

Pide ayuda a las personas adecuadas

De la misma forma que trabajas para conseguir tu propio apoyo, también quieres recibirlo de otros. Hay que tener una habilidad especial para conseguir que otros te ayuden y debes empezar escogiendo bien a las personas. Puedes sentirte frustrada si no encuentras la comprensión de los que te rodean. Pero, ¿te estás responsabilizando sobre la elección que has hecho? Busca a las personas que parezcan verdaderamente interesadas en tu bienestar y que van a dejar de atender a sus necesidades para ayudarte. A menudo encontrarás que aquellos a los que les has hecho un favor, querrán devolvértelo. Si no es así, evalúa cómo es de respetuosa y colaboradora esta amistad.

¿Estás de acuerdo en que el apoyo y el ánimo es una parte de la amistad? Si piensas así, te sentirás frustrada con el comportamiento de los otros y simplemente dejarás de tener relación con ellos. Ayudar a otros es una habilidad y, algunas personas la tienen más desarrollada y están más dispuestas para practicarla. En lugar de buscar la ayuda en un miembro de la familia o un amigo que no parece interesado o no tiene la voluntad de ayudarte, actúa de una forma más inteligente y busca a alguien que esté más predispuesto a ayudarte.

Conoce lo que necesitas

¿Qué apoyos te ayudarán más? No te frustres si no tienes una respuesta inmediata a esta pregunta. Muchas personas no saben exactamente qué necesitan de los otros. Puede que necesites alabanzas o elogios. Puede que lo que necesites sean estímulos o que te recuerden cuáles son tus objetivos. Realmente puedes necesitar el apoyo cuando te has alejado del camino que te has trazado y necesitas alguien que te dé confianza para volver a él. Otro tipo de ayuda puede ser más instrumental y centrarse en desarrollar el plan de acción. Puedes necesitar consejo sobre lo que debes comer o el ejercicio que debes hacer. Si tienes un horario muy ocupado, puedes necesitar a alguien que te ayude a reorganizar tus responsabilidades. No puedes esperar que otros satisfagan tus necesidades si no las conocen.

Enseña a otros lo que necesitas

¿Cómo conocen las otras personas tu necesidad de ayuda y de ánimo? Muchas personas cometen el error de pensar que los otros deben saber lo que necesitan. De hecho, es fundamental enseñar a la gente lo que necesitas en muchas áreas de la vida, como en el amor, el sexo y las situaciones conflictivas. Pasarás por un momento en el que te sentirás vulnerable, pero es importante que otras personas conozcan cuándo necesitas un apoyo y de qué tipo. Dile directamente a la persona lo que necesitas. Por ejemplo, le puedes decir: «Te agradecería que no me digas después de cada comida si quiero un postre» o «Ya sé que normalmente no lo pregunto, pero me gustaría saber cómo lo hago cuando me ves hacer ejercicio». También puedes practicar esta forma directa de actuar preguntando a otras personas qué apoyo quieren que les des como, por ejemplo, «¿Qué necesitas ahora de mí?» o «Por favor, dime cómo te puedo ayudar en el futuro». Ten paciencia porque la persona que has escogido puede que no esté acostumbrada a que le digas directamente que necesitas su ayuda. Probablemente ambos necesitareis un tiempo y varias conversaciones para acostumbraros a las nuevas expectativas.

Controla los problemas con otras personas

Un ambiente favorable necesita que no haya influencias que interfieran en el éxito. Pueden estar relacionadas con personas que no apoyan tus esfuerzos para cambiar, y otras que quieren que cambies pero actúan de manera que no te apoyan. Ambos grupos pueden crear conflictos que necesitan ser dirigidos.

Desgraciadamente, en tu vida puede haber personas que no quieran que tengas éxito en tus esfuerzos para perder peso y hacer ejercicio. Pueden oponerse de forma clara con amenazas o críticas. Otras pueden hacerlo de manera más indirecta animándote a alejarte del camino trazado a través de un desvío «inofensivo» o haciendo comentarios descorazonadores sobre tu plan de acción.

Antes de hablar con estas personas, es importante que intentes entender la razón por la que actúan de esta manera. La mayoría de las personas se opondrán a la mejora de otra si representa una amenaza para ellas. ¿Cómo puede alguien pensar que tu pérdida de peso y tu plan de hacer ejercicio puede ser una amenaza para él? Piensa a fondo en esta persona. ¿Si estuvieras más sana y más feliz, estarías menos interesada en esta persona y más en otras? ¿Podías empezar una nueva y más sana amistad? ¿Encontrarías nuevas actividades y dejarías de interesarte en las viejas formas de divertirte que tenías con esa persona? ¿Crees que tendrás menos control en vuestras relaciones a medida que seas más eficaz en tu vida? Algunas de sus preocupaciones pueden ser muy reales y otras una falsa percepción por su parte. En cualquier caso, debes saber lo que significa para estas personas un estilo de vida más saludable.

¿Qué es lo que tienes que hacer con una persona que se opone a los cambios en materia de salud en tu vida? La respuesta dependerá de la persona, de la importancia que tenga en tu vida y de lo que tú entiendes que significa la posición que ha tomado. Si piensas que la persona desea y está abierta a hablar de sus preocupaciones, puedes plantearle directamente el problema y explicarle más cosas sobre lo que necesitas de ella. Si estas personas no son importantes en tu vida y piensas que no desean tu cambio, mejor es que te alejes de ellas. Probablemente no serán tan buenas amigas como pensabas.

En el caso de que sea tu pareja, es muy importante que controles su oposición a tus cambios. Intenta comprender lo que estos cambios significan para ella e intenta hablar abiertamente sobre cómo cada uno ve el problema. En el caso de que el enfado sea grande o haya problemas de poder y control, puede ser interesante contar con la ayuda de un profesional de la salud o de una tercera persona. Si no se actúa directamente, existe la posibilidad de que te apartes de tus objetivos para que desaparezca el problema.

Algunas personas quieren que tengas éxito pero no te dan apoyo. Por ejemplo, se enfadan cuando te acercas a tus objetivos. Mientras su intención puede ser ayudarte, es muy duro ver su irritación y su actitud, que en ocasiones te perjudica. Desgraciadamente, algunas personas son bastante inexpertas en dar ayuda a otras. Si piensas que pueden cambiar, explícales lo que necesitas. Si crees que no es así, tienes que buscar ayuda en otra parte.

La historia de Sarah

Sarah tiene cuarenta y tres años y es madre de dos niños. Está ocupada en sus papeles de madre, enfermera y esposa. Se la ha descrito como una persona que cuida y ayuda a su marido, a sus hijos y a sus amigos. Sus esfuerzos por perder peso o por hacer ejercicio han tenido éxito en períodos cortos de tiempo pero, en tres o cuatro meses, pierde lo que ha conseguido.

Cuando Sarah investiga las posibles razones por las que no consigue tener éxito a largo plazo, reconoce algo bastante interesante sobre el apoyo que se ha creado alrededor. En realidad no había cambiado mucho. Era una persona muy organizada con respecto a su alimentación y al plan de ejercicio, y veía su trabajo como una lista de actividades que ella debía realizar. No pensó que fuera necesario un estímulo o una emoción positiva, ya que valía su plan de acción como una actividad que «se suponía debía hacer».

Al principio, Sarah no necesitó estímulos ya que su concentración y su manera de actuar eran suficientes para seguir el camino trazado. Sin embargo, pasado un tiempo, su motivación fue menguando y su frustración fue en aumento debido a los traspiés. No buscó ayuda para estas ocasiones. Con el tiempo, se alejó de sus objetivos para evitar la frustración que tenía.

Sarah reconoció que ayudaba mucho a los demás pero no se veía a sí misma como si necesitara ayuda. Al evaluar su entorno, vio que era muy fría, no se autoayudaba y nunca mostraba a los otros que necesitaba ayuda. Cuando se lo comentó a su marido, él le dijo: «Ya lo sabía. Eres como una roca». Tan pronto ella le explicó que necesitaba más ayuda emocional para conseguir sus objetivos, el quiso devolverle a ella el apoyo que le había dado con anterioridad. A medida que Sarah recibió más apoyo de otros, lentamente cambió la manera de hablar sobre ella misma. Se sentía bien al desafiar esta barrera que dificultaba sus esfuerzos para perder peso.

¿Por qué te alejas del camino trazado?

Una vez que has planeado unas estrategias para conseguir un ambiente de apoyo, también necesitas echar un vistazo a aquello que te aleja de la solución. Analiza los siguientes problemas que alejan a la gente de sus objetivos y ten cuidado de aquellos que se aplican mejor a tu caso.

No tienes costumbre

Muchas personas, de forma instintiva, saben animar y alabar a los niños. Sin embargo, puedes pensar que ni tú ni otros adultos necesitan de alabanzas. O puedes creer que es importante pero no haces nada para buscar apoyo a tus esfuerzos. Para volver al camino que te has trazado deberás realizar un esfuerzo para ver la necesidad de apoyo y para hacer lo necesario para conseguirlo.

Miedo a ir demasiado lejos

Algunas personas no quieren recibir apoyo y estímulo porque lo aso-
cian con características negativas que quieren evitar. Por ejemplo, crees
que si te alabas eres presumida o egoísta. O te puedes ver el hecho de pedir apoyo como una carga. No quieres que te relacionen con estas características negativas y evitas pedir el apoyo que necesitas. Pero, ¿esto es así?
Comprueba tus miedos irreales y las posibles exageraciones sobre lo que
pasaría si crearas un entorno que te apoyara más.

No crees merecerlo

Si eres negativa y muy crítica contigo, puede ser que pienses que no mereces tu propio apoyo ni el de los otros. Desgraciadamente, este tipo de ac-
titudes dificultan mucho la consecución de tus objetivos en materia de salud. Honestamente, pregúntate: ¿Quién merece ayuda y quién no? ¿Qué es
lo que te inhabilita para recibir ayuda? Tus conclusiones sobre ti misma y lo
que mereces tendrán una gran importancia para conseguir el apoyo necesario para tus hábitos de salud.

Crees que debes hacerlo sola

¿Crees que conseguir tus metas es algo que debes hacer por ti misma?
¿Piensas hacer todo lo que es necesario sin el apoyo y las alabanzas de
otros? Para algunos, los objetivos en materia de salud son otro ejemplo
de un trabajo que se debe realizar de forma fría y práctica. Se piensa que
es innecesario, e incluso una señal de debilidad, querer apoyo o estímulo.
Algunas personas pueden lograr sus objetivos a pesar de creer esto pero,
¿por qué no tener la ventaja de un ambiente favorable?

Estrategias para mantenerte en el camino

Las estrategias siguientes se han creado a partir de lo que has ido
aprendiendo en este capítulo. A medida que las vayas leyendo, piensa en
las formas concretas en las que las puedes aplicar en tu vida diaria.

Reconoce el valor de la ayuda

Prevé el impacto que el apoyo puede tener en la consecución de tus objetivos. Sé consciente de los beneficios que puede tener para otros objetivos o áreas de tu vida y cómo puede afectar a tu felicidad global. Haz que forme parte de tus valores y prioridades diarias. Si tienes hijos, recuerda que aprenderán a hablarse a sí mismos y a dar apoyo viéndote a ti.

Crea apoyo en lugar de incomodidad

Puedes notar cierta incomodidad según cómo desarrolles el ambiente favorable. Puede provenir de tu propia torpeza al hablarte a ti misma de forma diferente o del riesgo de pedir a otros su ayuda. Los sentimientos de torpeza, incomodidad o cohibición, pueden aparecer en las primeras fases de la creación de un ambiente de apoyo. Mantente así, sigue poniendo en práctica la solución y no te preocupes demasiado por estos sentimientos.

Crea unas expectativas claras

¿Tienes una idea de cómo piensas tratarte? Puedes decir que quieres ser tratada con respeto, cariño y apoyo, pero a menudo te permites hablarte de forma menos amable. Haz un cuadro de cómo crees que deben ser tratadas todas las personas y comprométete a hacerlo de esta forma. No eres diferente de los demás.

Habla contigo como lo harías con una amiga

¿Cómo hablarías a una amiga que tiene unos objetivos similares? Algunas personas tienen dudas de cómo deben hablarse para darse ánimos, pero tienen una idea muy clara de cómo hacerlo con un amigo. Si te quedas cortada y no sabes qué decirte a ti misma, pregúntate qué le dirías a tu mejor amiga en ese momento.

Aumenta tus posibilidades

Puedes necesitar más gente o gente diferente en tu vida para que te dé el apoyo que mereces. Se creativa para aumentar tus posibilidades. ¿Hay compañeros de trabajo, vecinos, familia o grupos de apoyo con los que podrías desarrollar una relación de apoyo? Las personas que te pueden ayudar están ahí fuera, pero no van a venir a llamar a tu puerta.

El problema está en otro lugar

Si continúas teniendo dificultades para seguir el camino trazado, puede ser debido a que hay otro problema que no estás llevando de la forma adecuada. Este tipo de problemas incluyen la depresión, la ansiedad o el mal humor. Ten una actitud abierta para buscar ayuda externa, como un profesional de la salud mental que te ayude a identificar y resolver los problemas subyacentes.

10

¿Sabes cómo conseguir que las buenas costumbres formen parte de tu vida?

Cada capítulo de este libro trata de un área en la cual algunas personas tienen problemas para conseguir sus objetivos de pérdida de peso y de práctica de ejercicio. Con cada una de las barreras ocultas se han presentado varias estrategias para aplicar con el fin de que una o varias sean las indicadas para tu personalidad y estilo. La gran pregunta es: ¿cómo consigues mantener estas nuevas costumbres durante mucho tiempo? Este capítulo se dedica a ayudarte a descubrir cómo mantener durante mucho tiempo las estrategias que has adoptado para que los logros conseguidos sean duraderos.

¿Qué significa mantener las buenas costumbres?

Mantener las buenas costumbres durante un largo período de tiempo significa varias cosas. Significa que te alejas de tus objetivos muchas menos veces que antes. Mas aún, mantener las buenas costumbres significa que reconoces tus puntos débiles para la consecución de tus objetivos, si tu plan es irreal, las dificultades que tienes para dominar tus emociones o las barreras mentales con las que estás tropezando. Mantener las nuevas costumbres significa que confías en tu vigilancia y en tener el ojo avizor para cuando tus puntos débiles puedan aparecer. Cuando te alejas del camino trazado, te tratas con dignidad. Aceptas tus responsabilidades, si cometes errores aprendes de ellos y vuelves al camino que te has marcado para conseguir tus objetivos. Mantener tus nuevas costumbres durante un largo período de tiempo significa que este nuevo estilo de vida que has adoptado se ha convertido en una segunda naturaleza. Tus nuevas costumbres se ajustan de forma tan perfecta a tus necesidades que las antiguas, que antes te parecían naturales, ahora son extrañas y sin interés. Has cambiado para un largo período de tiempo.

No se necesitaría un libro como éste si los cambios fueran inmediatos y duraderos. Si has utilizado las ideas de este libro para darte fuerzas para conseguir tus objetivos de pérdida de peso y práctica de ejercicio, ya habrás ganado algo desde el principio. También has aprendido que, a menudo, el cambio es un proceso con paradas, comienzos y reconsideraciones a lo largo de todo el camino. Hay momentos en los que es inevitable que no quieras continuar con este nuevo estilo de vida o que caigas de forma desprevenida en el viejo e insano modelo de vida. Para navegar con éxito a lo largo de este proceso de cambio, necesitarás estrategias que te ayudarán a mantener las nuevas costumbres durante largo tiempo.

¿Cómo lo estás haciendo?

El primer paso para mantener las nuevas costumbres durante mucho tiempo es conocer los puntos débiles que tienes para lograr tus objetivos de perder peso y hacer ejercicio. A lo largo del libro habrás reconocido alguno de ellos. Lee las siguientes frases para averiguar qué es lo que haces ahora con el fin de resolver los problemas que tienes con tu plan de acción cuando te alejas de él. Señala las que te puedes aplicar.

☐ Generalmente, soy consciente de cuándo me aparto de mis objetivos.

☐ Conozco mis puntos débiles para conseguir mi objetivo de estilo de vida.

☐ Tengo un plan para solucionar los problemas potenciales.

☐ Sé que el proceso para cambiar está lleno de paradas y vueltas a empezar.

☐ Cada vez que caigo, me levanto y vuelvo a empezar.

☐ Tengo un problema para identificar cuándo me aparto del camino trazado.

☐ Me atraen las promesas de cambio rápido.

☐ Es especialmente duro para mí cambiar el estilo de vida.

☐ No tengo un plan a largo plazo.

☐ Estoy desanimada con respecto a mantener mi progreso.

Es necesario para todos mantener el éxito. Sin embargo, si las cinco últimas frases te describen mejor que las cinco primeras, entonces, este capítulo puede ser especialmente interesante para ti.

¿Cómo puedes tener más éxito?

Sería una maravillosa fantasía el creer que has hecho todo el trabajo una vez que has perdido el peso que querías o haces ejercicio durante un cierto tiempo. Para tener éxito a la larga, necesitas seguir aplicando las soluciones que encuentras en este libro. En suma, las siguientes estrategias podrán serte útiles.

Sé realista

Ser realista en un proceso de cambio significa hacer una estimación exacta de cuántos kilos quieres perder, el tiempo en el que podrás ver y sentir los cambios y el tiempo y energía que necesitarás para conseguirlo. Puedes consultar a tu médico para saber lo que puede ser factible para ti. También será necesario que te prepares y reconozcas que, a lo largo del camino, darás traspiés. Recuerda las fases del cambio que se te han presentado en el capítulo 1. Podrías revisarlas y recordar que la mayor parte de las personas no consiguen un cambio duradero en el primer intento.

Además de crear expectativas reales sobre el proceso de cambio, también debes prever el proceso para que dure lo máximo posible. Lo ideal es que pienses en tu plan para perder peso y hacer ejercicio como una parte de tu estilo de vida que no tiene fecha límite. Intenta no pensar en espacios cortos de tiempo ni en rapidez, ya que no permiten que las nuevas acciones se conviertan en costumbres duraderas.

Acepta tu vulnerabilidad

A lo largo de este libro has aprendido a ver los traspiés, los errores y las dificultades como parte del proceso. Esperamos que cada capítulo te haya ayudado a identificar los temas particulares que pueden causarte problemas para conseguir tus objetivos en pérdida de peso y en la práctica de ejercicio. Para ti puede ser una dificultad hacer frente a emociones negativas, centrarte o responsabilizarte del trabajo. Quizá estés luchando contra una agenda oculta. Todos tenemos temas que nos hacen vulnerables. Tenerlos no es el problema si los podemos identificar y controlar. El problema se produce cuando no sabes que te estás alejando del camino que te has trazado o no lo quieres aceptar. Como parte de tu actitud abierta y activa puedes realizar la siguiente hoja de trabajo, que te ayudará a mantenerte en el plan que te has trazado. Divide el folio en dos partes: en una mitad pondrás las preguntas y en la otra la respuesta a cada una de ellas. Tus respuestas deben ser breves, específicas y concretas para que, cuando las vuelvas a leer, sepas exactamente lo que debes hacer. Puedes llamar a esta hoja de trabajo: «Cuando me aparto del camino» u otro título que te guste.

1. Tengo dificultades para seguir mi plan de acción porque soy (describe los pensamientos y actos que te apartan del camino trazado).

2. Cuando retrocedo y lo analizo objetivamente, creo que pasa porque (resume las causas por las que te apartas del plan).

3. Para controlar esto y volver al camino trazado, lo que hago es (especifica y concreta).

4. Para superar la situación sé que puedo contar con (describe las virtudes, habilidades y otros recursos con los que puedas contar).

Pon esta hoja de trabajo en un lugar de fácil consulta y repásalo tantas veces como sea necesario. Agrega o cambia las preguntas de forma que te sean más útiles. Sé creativa y haz tu propia hoja de trabajo considerando los problemas que pueden alejarte del plan de acción.

Practica el sentido de la responsabilidad

Una de las razones por las que nos apartamos del plan es... porque podemos. Nadie va a estar vigilando para que no te apartes del camino trazado y nadie te castigará si lo haces. Sabes cómo hacerte responsable de tus objetivos. Practicar la responsabilidad sobre tus objetivos significa que estás dirigiendo tu plan de acción y los problemas y preocupaciones que presenta. Para ser responsable necesitas algunas de las soluciones que se describen en este libro, como asumir responsabilidades, centrarte, dirigir las emociones y aprender de los errores.

No hay ningún pensamiento ni píldora mágica que te ayude a ser responsable de tus objetivos. Significa ser consciente de lo que quieres hacer y reconocer lo que has hecho. Si has seguido el plan trazado, anótatelo y alábate o date un homenaje. Si no te gusta lo que has hecho, encárgate de entenderlo y aprender de lo que ha pasado. Hazlo a menudo y empezarás a tener el hábito de responsabilizarte.

Hay varias herramientas y estrategias que te ayudarán a ser responsable de tu plan de acción. Puedes hacerlo con un amigo o amiga que esté haciendo algo parecido o puedes participar en un grupo de apoyo. También te puede ayudar escribir lo que estás haciendo. Otro de los ejemplos es el de escribir en tu agenda objetivos específicos y revisar si cumples esta agenda en los temas de alimentación y de hacer ejercicio. También puedes hacer tu propia hoja de trabajo que te ayude a ser responsable de todo lo que has aprendido en este libro. Por ejemplo, puedes usar o adaptar esta lista:

1. Quiero verme haciendo (escribir una lista detallada).

2. Para que pase esto, necesito (especifica lo que necesitas).

3. Será importante hacer bien esto porque (analiza tu motivación).

4. Después de hacer esto, quiero (responde qué es lo que quieres).

Escribe la lista en una ficha y revísala tan a menudo como lo creas necesario. Tienes que habituarte a releerla cada mañana o antes de volver a casa.

Haz que tus costumbres formen parte de tu estilo de vida sano

Aunque este libro se ha enfocado en los objetivos de pérdida de peso y de hacer ejercicio, hay otros aspectos que contribuirán a que tu estilo de vida sea saludable. Por ejemplo, otras cosas son: hacerte las revisiones médicas recomendadas para tu edad, tomar vitaminas o suplementos farmacológicos recomendados por el médico, reducir el estrés y la tensión muscular. Tu estilo de vida saludable también incluye tu bienestar emocional. Esto significa trabajar para conseguir que las relaciones con otras personas sean más efectivas y colaboradoras, realizar actividades que sean más importantes para ti, rebajar la frustración y el estrés, y conseguir el equilibrio entre tu tiempo y el que dedicas a otras responsabilidades.

Los ejemplos anteriores te ayudarán a crear una manera más saludable de vivir que también te servirá para conseguir tus objetivos de perder peso y de hacer ejercicio. Siempre que dirijas tus esfuerzos hacia las opciones más sanas, refuerzas la importancia y el valor que tienen para ti. Los cambios de los diferentes aspectos de un estilo de vida sano animan unos a otros. En vez de considerar cada uno de tus objetivos de forma separada, sitúalos en un mismo contexto para trabajar conjuntamente y hacer de ti una persona más sana y más feliz.

Haz que tus hábitos formen parte de tu imagen

Cualquiera que intente perder peso o hacer ejercicio sabe que estas buenas costumbres, al principio, no son fáciles ni naturales. Esto es lo que aún tienes que hacer. Intenta pensar en ti como en alguien que come moderadamente y que valora hacer ejercicio y ambas cosas forman parte de su programa. Crea una imagen de ti como de una persona que tiene éxito controlando la presión, las distracciones y las emociones para mantenerse en el camino de conseguir sus objetivos de estilo de vida. Para esto necesitarás tiempo y muchas repeticiones. No pienses que es un error porque te sientas torpe o porque no funcione exactamente como piensas que debería hacerlo.

Mientras vas construyendo tu nueva manera de pensar sobre ti misma debes parar y desafiar a tus viejas costumbres sobre lo que pensabas de ti. Ten cuidado de que tus conclusiones o etiquetas te identifiquen como una persona que no puede cambiar a un estilo de vida más sano. Un ejemplo de esto es que cuando tienes un traspiés dices: «soy una persona indisciplinada» o «soy bastante perezosa». Estas conclusiones extremas refuerzan la idea de que no puedes conseguir el cambio que pretendes.

¿Por qué te alejas del camino trazado?

Es importante que tengas en cuenta el desafío que es mantener tus costumbres durante mucho tiempo. Sigue conociendo todo aquello que puede alejarte de tus nuevas costumbres. Los siguientes apartados te muestran las causas más comunes por las que las personas no mantienen sus nuevas costumbres.

Volver a las antiguas costumbres

Este es un fenómeno muy común para todos los que intentan cambiar y mejorar. Esta es la razón por la que los atletas continúan practicando sus habilidades básicas. Has tenido durante mucho tiempo las viejas costumbres y no se desvanecen fácilmente. Si una de tus costumbres es comer cuando te aburres o dejar de hacer ejercicio, hay una tendencia a volver hacia estas viejas costumbres. Si pasa esto, no te preocupes ni te sorprendas. Una parte del trabajo de crear unas nuevas costumbres que duren mucho tiempo es retornar al camino que te has trazado.

No te premies

A lo largo del libro ya hemos hablado de premiarse, pero merece la pena volver a tratar este tema. Los nuevos hábitos necesitan ser reforzados. Ten presente que los hábitos que te alejan del plan que te has trazado, como es el tomar un bocado o aplazar el hacer ejercicio, en seguida se refuerzan. Tus nuevas costumbres deben luchar contra las viejas y tu trabajo es conseguir que las primeras prevalezcan sobre las segundas. Puedes premiarte de muchas maneras, desde elogiarte hasta comprarte unos pantalones nuevos; eres tú quien debe reforzar estos comportamientos.

Pensar en «o todo o nada»

Cuando piensas de esta forma todo encaja en una de las dos categorías. O eres la primera o eres perezosa. O llevas una vida sana o no la llevas. O eres una ganadora o una perdedora. Las otras personas están contigo o están contra ti. No es posible la complejidad, entender el proceso de cambio o las fases intermedias. Esta forma de pensar te puede alejar del camino trazado ya que no refleja lo que está pasando. No entenderás las razones exactas por las que tienes dificultades ni lo que necesitas aprender. Tenderás a esperar demasiado de ti misma y en ocasiones te sentirás apenada y descorazonada por la imagen que tienes de ti misma. Tú y tus esfuerzos de cambio no pueden resumirse en dos categorías, no lo hagas.

Quieres una salida rápida

No hay ningún atajo: crear estos nuevos hábitos cuesta. Aunque es normal querer terminar el trabajo, algunas personas se agarran a la idea de una salida rápida. Esto lleva unida la idea de realizar poco esfuerzo, como tomar pastillas o hacer el trabajo durante un período corto de tiempo. En cualquier caso, estás buscando una alternativa a un esfuerzo duro y continuado. La mayor parte de la gente piensa que normalmente esto no funcionará en ninguna actividad de la vida. ¿Por qué va a ser diferente con la pérdida de peso y la práctica de ejercicio?

Los problemas no resueltos

A lo largo de este libro, en los apartados ¿Por qué te alejas del camino? hemos presentado los problemas o los temas que merecen tu atención. Tus planes de perder peso y de hacer ejercicio forman parte de tu complicada vida. A veces, otros problemas oscurecerán o interferirán con tus objetivos de salud y parecerá imposible poder conseguirlos. Si los problemas están relacionados con conflictos con tu pareja, baja autoestima o falta de motivación, el problema necesita más atención que la que puedes recibir a través de este libro (véase el apartado Recursos).

Las estrategias para seguir el camino trazado

Para reforzar tus habilidades con el fin de mantener las nuevas costumbres durante largo tiempo, lee las siguientes estrategias y escoge la que mejor te vaya.

Evalúate regularmente

Fija un tiempo para repasar los objetivos, las estrategias y solventar los problemas del plan de acción. Algunas personas lo hacen una vez al mes, siempre el mismo día del mes, otras prefieren hacerlo con más frecuencia. Sé sincera en la evaluación de tu progreso, en la revisión de los gráficos que has hecho para valorar tus logros y realiza un plan para abordar posibles dificultades futuras.

Prémiate con generosidad

La mejor manera para ayudarte a repetir un comportamiento es premiarte. Los premios pueden ir desde una alabanza a un baño de espuma con velas encendidas o, incluso, un viaje exótico. Prémiate tan pronto te des cuenta que estás actuando de manera positiva para perder peso y hacer ejercicio. Dales las buenas noticias a los otros y coméntalas con ellos.

Relee este libro

Es fundamental que releas este libro de forma regular. O vuelve a leer este capítulo para revisar tus planes ante futuras dificultades que harás en tus autoevaluaciones. Sigue practicando los ejercicios para luchar contra los comportamientos más persistentes.

Aprende a consultar a otros

Un aspecto muy importante para conseguir cualquier objetivo importante es conocer cuándo necesitas consultar a otras personas. Mientras tienes recursos personales para guiarte hacia el éxito, a veces necesitas hacer cambios en tu actual plan de acción. Consulta a un familiar, amigo, médico o psicólogo; ganarás mucho gracias a la perspectiva y la experiencia de otros.

No te rindas nunca

Hay esperanza (mucha esperanza) de conseguirlo si te comprometes a perseverar y tienes fuerza para hacerlo. Si estás particularmente descorazonada, haz algo que te guste y después vuelve al trabajo. Hay muchas soluciones para perder peso que incluyen estrategias de comportamiento, medicamentos y cirugía. Y hay algunas soluciones para hacer ejercicio que puedes encontrar interesantes y divertidas. Así que no te rindas. Con las estrategias que te hemos presentado en este libro y con tu plan a largo plazo, estás en el camino de conseguir tus objetivos de pérdida de peso y práctica de ejercicio.

Recursos

Website de los autores

e-mail: www.ontracksolutions.net
Para información adicional, entrenamiento individual y servicios de consulta.

Referencias profesionales

American Psychological Association Help Center
www.helping.apa.org
750 N. First Street NE
Washington, DC 20002
(800) 964-2000
Referencias e información sobre ayuda profesional.

Nutrición, ejercicio e información sobre salud

Nutrition and Your Health: Dietary Guidelines for Americans, 5th Ed. www.health.govldietaryguidelines
(888) 878-3256
Publicación del Departamento de Salud, Servicios humanos y Agricultura de los Estados Unidos

BMI Calculator
http/nlbisupport.com/bmi/bmicalc.htm
National Heart, Lung & Blood Institute's Body Mass Index Calculator

National Academy of Sciences Report
www.nap.edu/books/0309085373/html

American Heart Association
www.americanheart.org
National Center
7272 Greenville Avenue
Dallas, TX 75231
(800) 242-8721
Nutrición, ejercicio y fitness e información sobre salud cardíaca.

American Diabetes Association
www.diabetes.org
Attn: National Call Center
1701 North Beauregard
Alexandria, VA 22311
(800) 342-2383
Información sobre la salud, la nutrición y la diabetes.

Health and Human Services (HHS)
www.healthfinder.gov
Información sobre la salud.

Asociación española de psicología conductual
Avda. de Madrid, s/n
Edificio Eurobecquer, bajo
18012 Granada
Tel: 958 273 467
Fax: 958 296 053
www.aepc.es

Colegio Oficial de Psicólogos
www.cop.es
Tel: 914 449 020

Guía de Alimentación y Salud de la UNED
http://laisla.com/uned

Sociedad española de Endocrinología y Nutrición
Rodríguez Marín, 88, 2º
28026 Madrid
Tel: 912 207 314
www.seenweb.org

Sociedad española de cardiología
Nuestra Señora de Guadalupe, 5-7
28028 Madrid
Tel: 917 242 370
Fax: 9 17 242 371
www.secardiologia.es

Sobre los autores

Lynette A. Menefee es licenciada en Psicología y profesora asistente de Psiquiatría y comportamiento humano en el Jefferson Medical Collage, de Filadelfia. Su actividad clínica se ha centrado en la ayuda a personas para superar las dificultades que se les presentan a la hora de cambiar sus hábitos en materias de salud y calidad de vida. También dirige investigación y lleva a cabo tratamientos en personas con dolor y enfermedades crónicas. Es miembro de la American Psychological Association, la Soviet for Behavioral Medicine y la American Saint Society. Menefee ha participado y publicado en diversos foros médicos y psicológicos.

Daniel R. Somber es profesor asociado de la Kansas City School of Medicine, de la Universidad de Missouri, donde enseña terapia conductual cognoscitiva a los psiquiatras residentes. Está licenciado en Psicología y tiene un consultorio privado; ejerce también en un centro de salud mental público de Kansas City. Somberg tiene una amplia experiencia clínica y de investigación en los procesos de cambio, lo que le ha convertido en un experto en todo aquello que conduce al éxito en el cambio. Somberg ha publicado artículos en varias publicaciones especializadas y es miembro de la American Psychological Association.

Puedes contactar con los autores en su web: www. ontractsolutions.net